近代中日關係史料彙編

一九三〇年代的
華北特殊化（二）

Historical Documents on Modern Sino-Japanese Relations:
The Decentralization of North China During the 1930s Section II

黃自進／陳佑慎／蘇聖雄　主編

編輯凡例

一、本書以 1930 年代華北中日外交、中央與地方勢力的互動等為主題，徵集史料，依主題與時間順序編排成書，以供學術研究與讀者查閱。

二、本書蒐錄之史料以國史館典藏之《蔣中正總統文物》為主，並補入李雲漢《抗戰前華北政局史料》（臺北：正中書局，1982），以及中華民國外交問題研究會出版之《中日外交史料叢編》第三編《日軍侵犯上海與進攻華北》、第五編《日本製造偽組織與國聯的制裁侵略》（臺北：中國國民黨中央委員會黨史委員會，1995），提供各界更重要、完整的史料彙編。

三、本書所刊史料各標題，為方便讀者查考原檔，依國史館檔案各件之題名摘要，至於標題時間，本書一律採發電時間，與該館目錄或有不同。另，由於該館各件檔案可能包含多則電文，而本書各件一般僅收一則電文，故題名摘要可能與本書電文有所落差，請讀者諒察。

四、本書於所刊史料各條之下標註出處，長串數字為國史館《蔣中正總統文物》之典藏號。

五、本書所刊史料原則上遵照原文，遇有明顯錯字、漏字、衍字者，在其後以〔 〕符號標出正確字；遇有俗字、古字、簡體字者，改為正體字；無法

　　識別者，則以□符號表示，每一個□符號代表一
　　字；史料中間有問號者，原檔即如此；下冊註記
　　（前略）（中略）者，為編者刪節，藉以突顯更
　　重要之內容。

六、本書所選史料，排印格式一律採用橫排，凡直排史
　　料文中有如右、如左者，橫排後應為如上、如下。
　　文中不一一註明。

七、本書史料雖經多次校訂，仍難免舛誤謬漏，敬希海
　　內外碩彥不吝指正。

目錄

河北事件與南京政府退出華北

河北事件
與南京政府退出華北

■ 1935 年 1 月 30 日

何應欽電蔣中正汪兆銘黃郛經派員晤高橋坦對日方所提要求修正為對察熱邊境口頭表示遺憾交還所收武器及約定不侵入長城東側等地

24 1 30

北平（有線）

1627

特急。南京委員長蔣，並請譯轉院長汪、黃委員長：

卅辰電計達。宿密。經派員晤高橋，對日方所提三點修正如次：「（1）對於此次察、熱邊境不祥事件，表示遺憾之意（口頭陳述）。（2）察哈爾省方面所收熱河民團槍械如數交還。（3）約定將來絕對不侵入石頭子、南石柱子、東柵子（指長城東側之村落）之線及其以東之地域，並不為脅威之行動」等語。高橋已同意允電關東軍第七師團請示，並謂「會議之時，日方將以口頭聲明，如有違犯時，日軍不特斷然進占沽源、獨石口，並可占領張家口」等語。乞鑒核。

職應欽。卅未行秘一印。

002-080200-00203-079-002a

■ 1935 年 2 月 4 日

楊永泰函黃郛奉蔣中正指示對於酒井隆等干涉河北省政府遷保定事之交涉態度並防範日人侵犯華北陰謀

函黃委員長

膺白吾兄勛鑒：

弟在京時，原擬一日晚車赴滬，再圖良晤；迺是日上午忽電話出發，遂於當晚乘咸寧兵輪西行，二日抵潯，三日晚連夜返南昌，稍事接洽。昨日又應召轉來牯嶺，當晤介公，獲悉接兄冬戌滬電轉張廷諤報告酒井質詢各情，介公於此頗感不快，其談話大意約有兩點：（一）冀省遷保，早經中央正式下令飭遵，祇能由中央催其實行，絕不能牽及日方之要求，致失中央體統。日人即有此言，張君身負天津市政之責，與日方接洽亦應劈頭予以解釋，善為折衝，不應抑揚其詞，從而直接達兄間接轉達此間。似此，張君不啻與日方一鼻孔出氣，頗有挾外自重自固之嫌，否則即未免不顧身分，自失其立場。蓋冀府遷移，即有此間再加督促之必要，亦必根據正當理由轉囑漢卿婉告孝侯。今張來如此措詞之電，徒增刺激。倘張、于方面聞之，反疑直卿別有念心。故對日接洽人員，此等失態及自失立場之處，請兄注意，加以糾正。（二）冀府遷保之遲早，原屬我國內政問題，然日方竟再三催促，壓迫頻繁，其中難免另有陰謀，或者其意欲於冀府遷保及平、津兩地皆成特別市之後，而

使在平、津東北之十餘縣現在日軍鐵蹄之下者，皆脫離冀省之管轄，作為偽滿之緩衝地區，或竟利用此十餘縣與平、津混成一片，再進一步作為造成第二傀儡政權之初步，亦未可知。故戰區十餘縣現雖決設清理委員會，若以該會專事清理、解決糾紛則可；若因此而將此十餘縣之行政暫交清理會管轄，脫離冀省府管轄，則恐適中日方預定之陰謀，蓋既經暫時另行管理，將來如再以歸隸冀省府時，恐日方又將持異議挑隙，而出面梗阻也。此層亦不能不密為防範，並請兄特別注意。介公此項觀察，甚為深刻，囑以轉達吾兄，敬祈賜察。弟在牯約再住三日，自仍返南昌一行，併以奉聞。敬頌勛安

弟楊○○

002-080200-00205-058-001a~004a

■ 1935 年 2 月 25 日

黃郛電蔣中正冀省府組織健全遷保本屬不得已之舉明令發表多月又未實行一般不免懷疑或議論又漢奸浪人問題全在中央對外交有無把握等情

24 2 26

上海

420

特急。漢口蔣委員長勛鑒：

禡戌秘漢電敬悉。○密。（一）冀省府若組織健全，根本即無問題。遷保一層，本屬至不得已之舉。曾記前年

夏在牯時，即有人主張遷保，兄當時亦因種種顧慮而未
敢苟同。今遷延年餘，限於客觀的事實，未能根本改
造。至去秋遷安、遵化、玉田殺傷日僑之案先後併發，
津埠形勢異常嚴重，故大駕在洛時，漢卿兄主以局部改
組、全府遷保、津市易長三法，進無非一面斟酌地方事
實，一面欲解除政府困難，又一面欲緩和外交衝動，一
種苦心折衷之辦法。兄雖未敢苟同於前者，至此不能
不贊同於後，乃明令發表多月，省府尚未實行遷保。在
此期間，一般不知歷史沿革者不免懷疑或議論，甚或有
所策動，此亦當然之事也。（二）敬之兄主張以商軍調
駐，或孝侯軍部仍留天津。事關軍事，兄不便置喙，惟
所謂漢奸、浪人伺機思逞一層，兄以為問題全在有無背
景。如中央對外交把握得住，漢奸失去背景，無從作
惡；如把握不住，漢奸得到援助，雖有駐軍，效用甚
微。見於往事，歷歷可證者也。（三）津市保安隊經費
完全市負擔，乃竟有仍歸省府直轄，或撥歸市府管轄，
但不得由市任意更動人員之說，視津市為尾閭之外府，
視保安為暗擴之兵力，此種明白而且大膽之表示，未免
時代錯誤。此而不能糾正，華北政治無法再談，此應請
注意者也。（四）從前石友三之便衣隊擾亂，確係由保
安隊與駐軍協同擊退，然此乃戰爭時期，現在情形不
同，國家又經不起再有此類變化，全賴政治上能潛移默
化，加以內外運用，能消患於未形耳。（五）現任市長
不滿人望一說，兄未便偏袒，但主張公道者均謂較諸王
韜時代津市已呈朝氣。至市長人選必須與駐軍最高長官

能切實合作者，方足膺此重任一說，則更難索解。方今
人心不古，世道日非，合作、反對並無一貫的道義標
準。年來國事敗壞，半基於此。當張之受任市長也，孝
侯與張異常密切。津市緊張時，孝侯曾資為心腹，閉戶
深夜密商應付事常有之。此事敬之兄或未知之，且于主
席為漢卿兄所維護，張市長亦漢卿所推薦，就私論私，
本是同根，何來不能合作之說？如此關係未能合作，則
又誰能擔保誰與誰可合作乎？（六）平心而論，津市民
負擔每年約四百八十萬元，即月約四十萬；今解分會協
餉月六萬，雖冀、察兩省及平市協餉均已先後豁免，獨
津市至今向隅，迭請而未能邀准，益以市府又月費八萬
代省政府主席養保安隊，養公安局又月約十六萬，總計
共三十萬。此種情況若不能澈底覺悟、澈底糾正，任何
人選均無用也。兄忝居華北，瞬將兩載，辱承垂詢，不
敢不舉所知以對。總之，北方之事本係敬之兄負責，祇
因前年戰況緊迫，承弟之命前往協助，公誼、私情兩不
容諉。今情勢既已轉變，今後仍應請敬之兄多負責任。
為弟計，似應多採納敬之兄意見為妥。率直奉陳，乞恕
乞諒。

　　　　　　　　　　　郅叩。有戌滬印。

002-080103-00021-018-002a~006a

■ 1935 年 5 月 15 日

軍委會委員長行營秘書長辦公室之冀省特種政務案

黃郛刪代電轉戰區清委會報告戰區保安隊事

巳・五、廿一

快郵代電

重慶楊秘書長轉蔣委員長勛鑒：

頃接戰區清理委員會寒電稱：「（一）玉田保安補充隊移駐燕郊、夏墊後之編遣計畫前經電陳，原擬於四月十五日編遣，乃自咨請省府實施後，中經股專員汝耕偕同高橋武官等前往檢校，發生羅隊後編等問題，延至本月三日，省府改令先編第一、二兩大隊，其原衛隊羅隊留待與駐唐山之馮壽彭部隊將來再編，並派李科長毓鵬會同專員公署暨李總隊長允聲商籌辦理，定於真日在通縣車站資遣，應遣官警由李總隊長率領到通，即在車站空地由各機關人員及日聯絡員田村、軍曹川崎等眼同點驗給資，押登大車，計冊報三百廿八員名，實到點三百十三員名。官長給五十元、布大掛一件；長警十元、短夾襖一件，退伍證一紙，軍裝一律收回。按照籍貫，由卅二軍、官、兵押送分平漢、津浦、北寧三路，送至石家莊、滄縣、蘆臺、豐臺等處遣散，當日事竣。本會派秘書楊葆毅前往監視。（二）新保安隊駐薊密區，張慶餘部隊於真日開到通縣，定文日後絡〔陸〕續開往區屬各縣與舊保安隊交替，其灤榆區交替情形尚未

據報，擬即由會派人前往視察，容俟續報，謹此電陳」
等語，特達參考。

黃郛叩。刪。

002-080103-00018-002-035a~038a

■ 1935 年 5 月 17 日
于學忠電蔣中正報告戰區保安隊及沿邊剿匪各事等情

委員長鈞鑒：

違侍明誨，忽忽數旬，馳戀之忱，與時俱積。敬維藎躬
篤祜，薰德阜民，翹跂光輝，曷勝頌禱。學忠還鎮以
來，政務蝟集，並日治理，稍竟其端。目前最感棘手
者，惟戰區交涉及沿邊剿匪各事。而戰區新保安隊防地
一事，日前奉何部長來電詢問，屬以避免糾紛，其中關
於燕郊保安隊改編一事，並奉汪院長來電屬妥慎協商辦
理。茲謹將各事經過情形為鈞座分別陳之。

駐在戰區之各保安隊原以維持地方治安，自《塘沽協
定》成立以後，所有李際春部改編之趙雷、劉佐周兩部
隊，石友三部改編之保安補充隊分子複雜，紀律不嚴，
而補充隊之中有兩特務隊，其隊長一為馮壽彭，一為羅
紫宸，而馮壽彭尤為桀驁，作惡多端。其所駐地方，趙
雷所部在開平、豐潤、唐山，劉佐周在灤縣，馮壽彭等
在玉田。嗣以馮部在玉田騷擾商民，苦痛萬分，經戰區
清理委員會與日方迭次商議，以保安補充隊之兩大隊及

特務隊之羅部調駐通縣之夏甸、燕郊兩鎮，馮部調駐唐山，以分其勢，俾可設法整頓。現在著手編遣，限定此項補充隊人數不得過壹千名，而日方駐防之樂亭、昌黎兩縣須劃歸劉佐周防地。學忠以該兩縣地瀕渤海，昌黎與北戴河接近，外人避暑之期土匪出沒，必須有省隊駐紮，方保無虞。且此次純係換防性質，不宜變更防地，而彼方堅持原議，其最後讓步謂祇能將兩縣劃出，省隊與劉部均不派隊駐紮，如必要時仍派劉部前往。學忠體察情形，不得不委曲遷就，以免換防一事又生頓挫。現自本月十日起陸續開拔，即將原駐隊伍撤出。惟昌黎、樂亭兩縣既無新隊駐紮，則沿海港汊紛歧，偷運走私可以直達唐山、開平各站，而新隊分駐臨榆等縣，中隔昌黎、樂亭，不能聯絡一氣。彼方似此主張，其意蓋別有在懲前毖後，可慮實多，此一事也。

沿邊各縣其轄境有長城以外者，經彼方強迫當地居民不得向縣政府繳納捐稅，以示脫離關係。此等案件姑不具論，最近忽由日、偽方面通知我駐遵化之保安隊，謂日、滿方面將剿除口外殘匪，請貴團暫移距長城二十五里處駐守，以免誤會。職處據報，當飭該管文武探明匪蹤，由我自行剿辦，一面飭殷專員迅向日方交涉。查遵化縣城距長城僅二十里，若警團退駐於二十五里以外，是無異將縣城放棄，斷無是理。旋據續報與日方商議，彼允我警團距遵十五里，以般若院為中立地點，自該處至長城之洪山口，其中間之地如發現匪黨，可通知日方協剿。又據探報，該項殘匪係受某

方之掩護，其前進之時第一線為土匪，第二、三線為日、偽軍。揣其用意，似候我隊出剿時，匪即他竄，某方出而藉口，可以擴大事體。此說雖係揣測之詞，而彼方處心積慮，多方挑釁，可以想見，此又一事也。以上三者皆近來交涉困難之一端，此外枝節問題隨時隨事，往往而有，學忠惟有遇事秉承駐平軍、政兩委員會，妥慎辦理，相機因應，冀於漏舟破浪之中，勉為亡羊補牢之計。尚祈鈞座訓示一切，俾有遵循。專肅，奉陳。敬叩崇綏

　　　　　　　　　職于學忠謹肅　五月十七日

敬再肅者：新保安隊開入戰區一事，日前關東軍代表儀我大佐曾來晤談，說明彼方態度，學忠相機應付，茲將會晤問答一件照錄附呈，敬請鑒核。載頌　鈞祺

　　　　　　　　　職學忠謹肅　五月十七日

附抄一件

　　五月七日午後三時，日本駐山海關特務機關長儀我大佐謁見主席，商談各項問題，約歷二小時始辭去。茲將談話情形撮要記錄如下：

儀我：前聞專員及殷局長言，主席對於新訂協定尚有疑義。果爾，則我方不能默不一言，必須另想辦法。嗣經石井參謀晤見主席之後，又聞已無疑義，自爾不成問題矣。大凡雙方代表間所決定之事，彼此均應切實遵守，澈底實行，不然

會議便無意義，望主席今後確切明瞭代表間互相約定之精神。倘有意見，務於開會時提出討論，不可於已經議決之後，忽又表示不能贊同。倘至事後再聲明不能同意，則日方勢將認為無誠意矣。

主席：此事稍有誤會，余何嘗有否認協定之意？當時所謂稍有疑義者，亦僅防地一點，且經石井參謀說明之後，早已不成問題。此次協議決定各點，因專員事前未先向余報告，事後又未說明業已決定，僅對余言日方有此意見，尚可商量。余意既尚未經約定，自應繼續商議，故兩專員遄赴山海關與君協商迨後，真相既明，乃知前此不無誤會。此固小事，在余本無成見也。

儀我：主席既對協定並無疑義，務請按照議妥各點切實施行，不知新保安隊究於何時開入？

主席：擬於本月十日開入，倘屆時趕辦不及，至遲當於十一、二日開入。

儀我：再關於人數問題，前次余等所看者，隊長暨使用機槍者均復攜帶步槍。以軍事眼光判斷，不能認為合理；且人數超過五千，我方亦礙難承認。

主席：因以前約定者原為戰鬥員五千人、步槍五千枝為便。槍枝適符五千數目，故隊長方有荷步槍者。

儀我：此實不免錯誤，原約定者為五千人，並非五千枝槍。如按五千枝槍計算，大可編至六、七千人，然在我方祇能承認五千人。以前余在北平

殷局長公館內與殷局長討論此點，亙歷一小時以上，明明確定五千人，再主席謂是戰鬥員，更屬錯誤。保安隊是警察，不是軍隊，焉有戰鬥員之說？

主席：我國隊伍與貴國隊伍不同。貴國隊伍無論伙夫、馬夫均為正式兵，我國則不然。如按五千計算，除去伙、馬夫，正式隊伍所餘無幾矣。

儀我：伙、馬夫余可作主，不算入五千人以內，但各隊本部人員必須包括於五千人之中，再號兵亦須列入，槍枝更不能超過五千。

主席：隊長暨使用輕機槍者，可以不令更荷步槍，各隊本部人員不能不在五千人以外，務請足下諒解。

儀我：礙難作主。

主席：此項務請讓步，暫時不必即作為確定不移，君再加以考慮如何？至目下究竟超過若干人，余因一時記不甚清，容詳察編制，再令陶專員與君商議。

儀我：可以再請於開拔三、四日前通知我方，以便轉飭所屬部隊知照。

主席：可令陶專員通知。

儀我：關於戰區之性質，希望主席深切瞭解。蓋戰區由停戰協定而產生，自與其他地點不同，情形當然特殊。關東軍希望中、日雙方遇事不起糾紛，能和平了結，始有停戰協定之締結。請主席認清戰區性質情勢特殊，一切設施不能直情徑行，

　　無所顧慮。今後希望無論事之大小，均須先與
　　日方商量計議。須知些微小事，往往不免釀成
　　大事，滿洲事件何獨不然？倘遇事先經商妥再
　　辦，糾紛自然化除。尤盼今後彼此常取聯絡，
　　免去隔膜。

主席：彼此雙方誠應常相聯絡，俾免誤會。

儀我：對於保安隊之指揮，請責成專員辦理，將全權付
　　與專員。即如用人及經費等，亦應專員負責處
　　辦，不然專員必將無由指揮。保安隊本為維持
　　治安而設，亦即行政之一部分，行政部分由行
　　政官處理，自是理所當然。

主席：是令專員指揮。

儀我：戰區內各縣縣長應與我方取相當聯絡。目下余
　　與各縣縣長大體上均有聯絡，情形尚好，我方
　　尚滿意。請主席下令，使之更進一步切實聯絡
　　為盼。

主席：可以。

儀我：關於保安隊從事剿匪，亦應與日軍聯絡。現駐長
　　城各口之日軍，今後擬不輕事更動。以前時常
　　調換，頗不相宜。今後將使久駐其地，對於地
　　方情形自可熟習，保安隊亦即易與聯絡。請主
　　席飭令遵照。

主席：可以，當令專員籌劃辦法。

儀我：戰區內民槍過多，倘放任不加管理，自易滋事
　　端，請主席飭令將民槍酌予收繳。但人民完全

無槍亦屬不便，吾等在滿洲亦有此經驗，特應
酌定相當數目，其浮餘者可以收歸公用。目下
玉田之周毓英已將民槍收繳若干。

主席：當令專員規劃辦法，逐漸施行。

儀我：再請主席努力開發產業，因此事對於雙方均有
利益，非若政治等問題往往片面有利。倘能努
力開發，實兩國國家之福，人民之利也。

主席：對於生產，余向極願致力，況當此農民異常困
窘、經濟異常彫敝之時，自更當加倍努力。

儀我：今日所談，主席既表同意，希即按照實行，否則
恐更易招誤會，因日人心理對於既經約定而不
按約實行，更易發生反感，尚不如根本不予允
諾為宜。

主席：此不獨貴國人如此，各國人無不皆然。

002-080103-00018-002-002a~018a

■ 1935 年 5 月 17 日
**于學忠呈蔣中正日方對其他交涉事件因白逾桓
胡恩溥被殺呈強硬態度**

委員長鈞鑒：

河北對日交涉重要各案情形，本日已專函上陳。最近天
津日租界有白逾桓、胡恩溥二人被殺之案，日方對此種
種推測，其關東軍代表儀我及日使館武官高橋曾來職處
詢問，並與職府參議陳東昇晤談，言外之意，頗形嚴

重。日來彼方對於其他交涉事件，因此案影響漸呈強硬態度，殊為可慮，茲將問答兩件錄呈鈞核。專肅。敬叩崇綏。

　　　　　　　　職于學忠謹肅　五月十七日。

附抄問答二件

　　五月七日午前十時半，高橋武官邀本府參議陳東昇往晤，談及白逾桓、胡恩溥被害事，其所述要點如下：

　　關於白、胡被害事，目下日方極力搜查，但其真相尚未查明。本案雖係發生於日本租界之內，但就天津市全體以至河北全省著眼，仍在主席統制之下，請主席多少感覺責任，而以誠意處理。查白、胡二人為親日、親滿者，乃反對親日、親滿之人竟暗用橫暴手段將其殺害，此事非常刺激日人神經。吾人認為，不能因其親日、親滿，而即謂為應加殺害。在吾輩本意，且更希望親日、親滿分子之日益增加也。此案如僅係個人犯罪行為，尚有可說；倘與中國政府或軍事機關有關係，則實屬遺憾之至，不能不照重大事件應付處置。況當此中、日政府正努力親善之時，用此陰險恐怖手段暗地殺人，殊與中、日間根本方針大相違背，日方認為不祥事件，請主席加以考慮，並請防止未然，務期不再發生同樣事件，是為至盼。

　　五月七日午後三時，儀我大佐謁見主席，商討戰區各項問題時，附帶談及白、胡被殺事，茲將雙方所談要點錄下：

儀我：關於白、胡二人被害事，日本方面異常注意，

本日關東軍亦有電報來津。此案雖發生於日租界，但因在主席統制之下，不得不請主席注意。目下真相尚未判明，租界當局警察署、憲兵隊仍繼續搜查。不過，租界當局僅能在租界以內行使職權，租界以外應請主席幫助偵查，以期早日破案。再，日方對此案頗有懷疑之處，因該二人均為親日、親滿分子，對日、滿既有好感，日、滿人對之絕不能加害，其加害者定為反對親日、親滿之人。關於被害原因，有謂恐為婦女戀愛問題者，余認為不然。因如果為婦女戀愛問題，其兇犯必止一人，而此番刺胡者則為二人，乘一汽車駛至飯店，同時入內將胡擊斃，且從容逃逸，毫無懼色，其非為婦女戀愛問題，可以想見。且在數小時以內連作兩案，絕非僅僅二人，且亦絕無一人只以少數費用而能辦此鉅案之理。同時定有多數兇犯，使用大量金錢，其背後且必有援助之人，更恐或有政治背影。倘果有政治背影，則事態勢將擴大，仍請主席特別注意，盡力協助緝兇，是所至盼。再此二人與關東軍毫無關係，白某余向未聞其名，胡某僅知有其人而未曾會面。但此二人與關東軍雖無關係，顧關東軍卻極注意加害與日、滿有好感之人。此種行為，誠與目下中、日政府所抱之根本方針大相違背。當此中、日正謀互相提攜之際，有此意外

事件發生，日本國民深受刺激，易生反響，其
影響及於中、日前途者，曷堪設想，此點亦請
加以注意。

主席：余生平力持正大光明態度，此等手段向不謂然，
且我方其他任何機關及公務人員余亦敢謂不至
出此手段。所謂背影一層，正可不必多慮。此
事雖係發生於日租界，我方為維持治安、保護
人命起見，定當竭力偵查，協助緝兇。倘能破
獲，當然依法懲處，但請放心可也。

儀我：主席能想像此案究係何人所作否？

主席：以意度之，當是常接近白、胡二人者所為，不
然外人何能知其行藏？況聞二人平時防衛且
至嚴密乎。

儀我：憲兵隊黨部均有特務人員，憲兵第三團及中央
方面亦直接派有偵察人員。

主席：請不必多疑，任何機關及公務人員皆不至出此
手段，余前已言之矣。

002-020200-00025-007

■ 1935 年 5 月 22 日

**汪兆銘電蔣中正日本關東軍駐屯軍對於于學忠
日趨惡劣為兼顧計一面另任津市長一面促冀府
遷保之實現**

24 5 22

南京

9061

急。貴陽、巴縣蔣委員長鈞鑒：

佶密。前電商津市長人選，尚未得覆，至念。弟意冀府遷保已見明令，若不實行，於中央威信有妨。而數月以來，關東軍、駐屯軍方面對於孝侯日趨惡劣，不肖者又利用之以張聲勢，遂至〔致〕形勢愈壞。近則接觸更急，恐將演成九一八之第二事件。為兼顧計，一面另任津市長，一面促遷保之實現，似尚可消弭於無形。尊見若何，尚祈賜示為荷。

弟兆銘。養印。

002-080103-00021-006-002a

■ 1935 年 5 月 22 日

汪兆銘電蔣中正平津情形至危急倘冀府遷保不能實現不如改派于學忠為河北綏靖主任駐紮保定而另簡聲威素著之人繼位河北省政府主席

24 5 22

南京

9192

巴縣、貴陽蔣委員長賜鑒：

佶密。養電計達。迭據報告，平津情形，至為危急，若不立〔力〕圖消弭，隨時有爆發之虞。倘冀府遷保不能實現，不如改派于孝侯為河北綏靖主任，駐紮保

定，而另簡聲威素著之人繼任河北省政府主席，取消
遷保，並易津市長仍為普通市，如此或可消弭。證之
公洽在閩，而閩晏然不生他變，可知事在人為，非一
定無法也。如何？盼復。

弟兆銘。養二印。

002-080103-00021-020-002a

■ 1935 年 5 月 22 日

張學良電蔣中正日頃接于學忠電稱省府遷保早已決意一經遷往即合署辦公

武昌

9104

特急。昆明貴陽探呈府委員長鈞鑒：

夙密。諫函公電計蒙鑒察。頃接于孝侯馬已電稱：「省
府遷保早已決意奉行，現正暫飭修葺房屋，布置一切，
意在一經遷往即合署辦公。前以新保安隊開入戰區，省
府與各方接洽頭緒紛繁，實以在津就近辦理為便，故籌
備遷移稍有遲緩。頃該隊東開已於昨日完全辦竣，即將
籌遷一事趕速進行，至遲六月底可以告竣，擬七月初正
式在保定合署辦公。承詢復聞，敬祈轉陳為叩」等情，
除復電仍催趕速實行外，謹電奉陳。

張學良叩。養午□一。

002-080103-00021-019-002a

■ 1935 年 5 月 24 日

何應欽電蔣中正汪兆銘等報告日軍開入戰區跟蹤追剿孫永勤部等情

24 5 24

北平

3249

南京軍事委員會委員長蔣、行政院院長汪、參謀本部：嘉密。（1）號日午後，高橋武官到分會面稱：「孫永勤部股匪在熱河邊境擾亂頗久，經日軍三個月之剿除，終未完全消滅。現孫部股匪已逃入遵化縣境，而該縣長竟暗中庇護，日軍極感不利。查日軍本不願進入戰區，但此事業經關東軍調查明確。茲為根本解決計，已令行日軍開入戰區跟蹤追剿，日期雖未確定，想已為期不遠，甚望分會方面予以諒解，並嚴令河北省政府轉飭戰區各縣長暨新保安隊等深切注意，此後不准再有此項情事發生，致礙國交」等語。當將談話經過電告于主席嚴加戒備，轉飭該方面縣長及保安隊與日方切取聯絡，勿生誤會。如孫匪竄入我防區，應嚴加堵剿。（2）遵化縣長咢申電報稱：「據報，本日下午四時，日軍岩永部隊約百餘名由撒河橋開抵縣屬龍灣、小狼峪山、水頭一帶，與孫永勤股匪開始接觸。孫勢不支，向東南方逃竄。」（3）于主席馬亥秘電報稱：「迭據遵化縣長電稱：『孫股進占西小寨、東葦村一帶，撒河橋日軍已陸續開至城內，數十名帶機槍二架，並據云若我方任孫股

久駐邊境，日方要責我方無誠意剿匪，而反疑我利用孫
股抗日，提出質問，逕行痛剿等語，請火速派隊援剿等
情。』查日方始迫遵化團隊退駐二十五華里，繼驅孫匪
侵入長城，使我方團隊進退維谷，而反藉口我方放任，
欲逕行痛剿，自應相機應付，以重主權。」已由該主席
電令殷專員妥為交涉，督飭各縣協同防剿，暨令張總隊
長慶餘立即派隊前往，一面逕飭駐縣李大隊長葆玉相機
先行進攻。（4）于主席養申電稱：「馬日晨，日軍汽
車七輛、機槍四架已向撒河橋開去。」當已由該主席分
電張總隊長與殷專員聯絡辦理，並飭遵化縣長與李大隊
長協力痛剿各等情，謹聞。

何應欽。敬令總印。

002-080103-00018-002-046a~048a

■ 1935 年 5 月 25 日

**蔣中正電張學良頃接汪兆銘電告冀省遷保已見
明令若不實行於中央威信有妨又倘冀府遷保不
能實現不如改派于學忠為河北綏靖主任另于學
忠電謂近來形勢日益緊迫**

譯發
廿四年五月廿五日擬稿
五月廿五日下午一時核發
急。武昌行營張主任勛鑒：
0857 密。頃接汪院長養電告「冀省遷保已見明令，若

不實行，於中央威信有妨。而數月以來關東軍、駐屯軍方面對于孝侯日趨惡劣，不肖者又利用之，以張聲勢，遂至〔致〕形勢愈壞，近則接觸更急，恐將演成九一八之第二事件。為兼顧計，一面如前電所商另任津市長，一面促遷保之實現，似尚可消弭於無形。尊見如何？尚祈賜示」等語。又續接同日養二電謂「迭據報告，平、津情形至為危急，若不立〔力〕圖消弭，隨時有爆發之虞。倘冀府遷保不能實現，不如改派于孝侯為河北綏靖主任，駐紮保定，而另簡聲威素著之人繼任河北省府主席，取消遷保，並易津市長仍為普通市，如此或可消弭。證之公洽在閩，而閩晏然不生他變，可知事在人為，非一定無法也。如何？盼復」等語。並另據孝侯漾亥電亦謂「日方近來悍態橫生，形勢日益緊迫，恐或一觸即發，牽動大局」，想分呈計達。此事確已嚴重，不容漠視，未審兄對汪院長兩電主張之意見如何？盼速電復。

中正。有申秘渝。

002-080103-00021-021

■ 1935 年 5 月 27 日

何應欽電蔣中正日方近不滿于學忠張廷諤有非去不可之勢已不僅冀省府遷保與否問題及因津日租界兩報社長被刺事件日方隨時可能發動第二次津市暴動等河北省府問題如無一妥善辦法則華北隱憂亦終無已時

24 年 5 月 27 日

自北平發

號次：651

特急。成都委員長蔣：

倪密。鈞座前在昆明時，職曾上真西行秘電詳述華北外交近狀，未識已否達覽？日方公言河北為張漢卿之外府，近對孝侯及張市長廷諤均表不滿，大有非去不可之勢，已不僅省府遷保與否之問題。日前正因津日租界兩報社長被刺事件，擬於皓日發動第二次津市暴動，便衣隊之組織準備均已完成，以梅津力持穩健，臨時中止，但隨時均有發動之可能。河北省府問題不能有一妥善辦法，則華北之隱憂亦終無已時。職處此環境之下，智窮力絀，無時不覺窮於應付，鈞意如何？乞賜訓示。又此電並懇勿轉示他人為禱。

職應欽。感申行秘印。

002-090200-00016-355

■ 1935 年 5 月 27 日

黃郛電蔣中正有關晤汪兆銘商議結果天津情勢已非遷保所能緩和又現在局勢緊迫端賴當機立斷搶先發表另近日金融界頗不安定尚祈明察

24 5 27

上海

628

蔣委員長勛鑒：

有戌電敬悉，有電計達。峰密。本日傍晚六時始晤汪先生，商議結果：（1）以為最近天津情勢已非遷保所能緩和，若此癥結所在之處未能即決，恐無論如何應付，力求消弭，未必有效。（2）現在局勢緊迫，端賴當機立斷，搶先發表。若輾轉相商，遷延時日，萬一對方作為條件，正式要求，實於主權、體面兩不相宜，且事後彌補較難收拾。總之，此事能防患於未然實最上策，否則影響所及範圍至廣。近日金融界頗不安定，此其一端，尚祈明察速決為幸。

郛叩。感戌滬印。

002-080103-00021-028-002a

■ 1935 年 5 月 27 日
**汪兆銘電蔣中正頃晤黃郛現宛如九一八前夜于
學忠成眾矢之的前電主張調其為河北綏靖主任
移駐保定時機已逝竊意張羣黃紹竑陳儀擇一調
任河北省主席**

24 5 27
上海（無線）
617

限即到。成都蔣委員長賜鑒：

佶密。華北危急情形，迭電奉達，諒蒙洞察。頃晤膺白
兄，同此焦灼，目下情形宛如九一八之前夜，若不迅速
處置，一經爆發，收拾愈難。孝侯已成矢的，即使勉與
周旋，亦必無效。前電主張調為河北綏靖主任，移駐保
定，但時機已逝，反有引敵深入保定一帶之虞，似宜別
求安置，可否令率所部加入川、鄂擔任剿匪？敬候卓
裁。至於繼任人選，總以能執行中央政策、具有應付手
腕者為宜。如吾兄意中有人，切盼開示。倘軍務倥傯，
未是念及，弟當貢愚見以供參考。竊意若於張岳軍、
黃季寬、陳公洽三人中擇一調任河北省政府主席，必能
勝任。若三人均不能調任，則暫以敬之兼領，或以商啟
予補授，亦足轉移危局，懇鈞奪示覆。弟因與膺白兄商
榷此事，又診病未畢，擬明夜回京，如復電能於明日到
滬，弟尚可與膺白兄再接洽一次也。如何？企候覆示。

　　　　　　　　　　　　　　　　弟兆銘。感戌印。

002-080103-00021-025-002a~003a

■ 1935 年 5 月 28 日

何應欽電蔣中正據報日本駐平津武官決建議軍部對華北採高壓手段故對日本宜多採外交途徑使其外交派抬頭以免少壯軍人盛氣凌人隨便主張等文電日報表

來電號次：772
姓名或機關：何應欽
地址：北平
來電日期：儉（申行祕）
來電摘要：

據密報：日方駐平、津各武官及特務機關長等，近有一度機密會議，結果以書面建議軍部，對華北事有極激進之主張，聞其重要之點：「（一）推除蔣、張在華北之勢力，第一步必去于、張（廷諤）；于、張去後，繼者須親日分子，並為文人。第二步使駐軍減少，代以警察，並使軍部、憲兵撤退，其他不詳。（二）廿年來對中國交涉，如無軍部壓力，則無一事成功。此次蔣、汪之轉向，並非有吉外交之力，乃軍部高壓之功，今後亦須採此手段，軍部壓力與外交並用」等語。此種建議，是否為日本軍部所採納雖不可知，但其為日本少壯派軍人一貫之主張，則毫無疑義。職意中、日外交問題，凡於可能範圍內可以由外交常軌求解決者，均宜亟謀解決一、二件，使彼外交派稍得抬頭，以免少壯軍人盛氣凌人，隨便主張，益感無法應

付也。

擬辦：

擬覆悉，並告以漢卿復電，仍主催促冀府遷保，並維持孝侯主席。如此，能否和緩日方？希考慮電告。

批示：

如擬。

002-080200-00451-169

■ 1935 年 5 月 30 日

何應欽電蔣中正據報每日有日軍機到北平附近偵察及日軍開入遵化追剿孫永勤部並請示對日軍威嚇應如何應付等文電日報表

來電號次：897

姓名或機關：何應欽

地址：北平

來電日期：卅（午行祕）

來電摘要：

據確報：（1）日軍自六月世日起，將於天津及北寧路沿線增加軍隊千餘人。（2）自昨日起，每日均有日軍用飛機兩、三架到平市附近及其他處所飛行偵察。（3）日軍開入遵化追剿孫永勤之部隊，並未撤退，且有陸續增加之說。（4）酒井對人公開宣稱，日軍一切已準備完畢，隨時均可動作。昨對政整會、軍分會之通告，係先禮後兵之意，如中國政府置之不理，旬日後日軍即自

由行動等語。觀日軍之布置，雖係一種威嚇，但我政府
對日之希望如不辦一二件，或許由威嚇變為真面目之動
作，亦難預料。究應如何應付之處？乞速裁度示遵。
擬辦：
擬復：「所有應付方法，昨、今兩日致兄各電已詳，請
參照實際情形隨時妥為運用為盼。」
此來電擬轉漢卿一閱。
批示：
如擬。

002-080200-00452-018

■ 1935 年 5 月 30 日
黃郛電蔣中正有關磯谷廉介談話要點軍事分以東北軍中央軍為大小目標等

24 5 30
上海（有線）
760
限二小時到。成都蔣委員長勛鑒：
感申機蓉、儉機蓉儉巳機蓉兩電均敬悉。峯密。磯谷談
話範圍寬廣，撮其要點如下：（一）政治以省府為大目
標，市府為小目標。（二）黨務以黨部為大目標，政訓
處為小目標。（三）軍事以東北軍為大目標，中央軍為
小目標。此次非求一澈底辦法不止。其所以釀成此惡劣
情勢之遠因，已如迭電陳述：（一）冀省府遷延不移。

（二）聯航遷延不辦；其近因：（1）地方有庇護孫永勤之嫌。（2）日租界暗殺案內容複雜。（三）孝侯忽迎忽拒，卑亢均不合度。（四）對使館昇格之反動。此其大要也。近林銑十郎在長春召梅津司令會議，似已有所決定，或先在天津發動，為期恐亦至近。磯谷且明言日方已下決心，此事乃萬不得已，不如是不能謀澈底之提議，君如欲匡正我等，當然不能有所可否，惟逆料徒增苦痛與危險而已。總之，君若回華北事不至增重一分，君若不返華北事亦不能減輕一分等語，意極露骨。其他種種內情，實非函電所能詳盡，仍擬來川一行，以便面詳。事態如此，兄實無法自處。三月以來，屢次請辭不允，屢次建議又不行，真是欲哭無淚。本已決意不欲多言，承電詢不敢不撮要以聞，何日何地可晤面，尚乞即復為感。

郛。卅午叩滬印。

002-020200-00025-012-003a~004a

■ 1935 年 5 月 30 日

黃郛電蔣中正有關酒井隆及高橋坦來會提出于學忠應速撤調聲明七條

24 5 30

上海

854

限即刻到。南京汪院長、成都蔣委員長：

○密。頃接本會俞秘書長豔酉電稱：「本下午二時，酒井代表天津駐屯軍，高橋代表關東軍來會，聲稱：（一）平、津一帶中國官憲對於日、滿方面治安時有擾亂行為，彼方已查有證據，南京政府是否知情？（二）天津白胡案，中國官憲顯有關係，自不難查得證據。白、胡與日軍有關係，此舉不啻對日挑戰。南京政府是否知情？（三）中、滿兩國交界時有義勇軍發現有由中國委員接濟，如此次遵化滋擾之孫永勤曾有接濟糧食、指示途徑情事。南京政府是否知情？以上三點究由何人指導？何人負責？應請明白答覆。（四）《塘沽協定》實施後，日軍雖有退出長城線之規定，但並非義務如此。倘中國方面有擾亂情事，日軍仍可隨時開進。且此項協定原為安定地方，今竟以平、津為根據地，不斷發生擾亂治安之事，或將擴大戰區包括平、津在內，以杜亂源。（五）排外行動之結果，《辛丑條約》曾經規定，白、胡被害案無異排外。以後倘再有類此事件，日方即根據《辛丑條約》自由行動。以上兩點係通告

性質，特鄭重聲明。此外尚有作為貢獻參考者兩事：
（一）蔣委員長主張中日親善，何部長為簽訂停戰協定
之人，何以任令敵對日方之憲兵第三團、藍衣社、軍分
會、政訓處、河北省市黨部置諸肘腋之下，並以中央軍
為背景擾亂日、滿，顯係表裡不符！中國政府應自動將
蔣孝先、曾擴情等免職，並將憲兵第三團、藍衣社、政
訓處、各黨部及中央軍一律調開。（二）于學忠本為張
學良舊部，故始終圖謀破壞協定。年來枝節橫生，皆彼
從中作梗。僅表面上令遷保，而仍為冀主席，於事無
濟。中國政府宜自動迅速撤調，否則日方勢必演成自由
驅逐之一途。以上兩點，並非日方要求致蹈干涉內政之
嫌，不過認為兩國關係欲謀好感，第一步必先鏟〔剷〕
除障礙之人。此事前曾與黃委員長談過，今再以友誼重
言申明，務請注意。並稱所談各點間有非政整會範圍以
內之事，但日方認為與政整會談較為妥適，仍當分謁何
部長等語。當答以容為轉達再復而散。何部長與酒井談
話大致相同，聞已另行電達，請參閱等語，特為轉達。
查酒井代表駐屯軍，高橋代表關東軍，彼方已極正式表
示意旨所在，絕非普通情報可比，非迅速處置，不足以
赴事機。細按上述七條，前三條係質問性質，問中央是
否知情，祇能作為臨時地方發生事件，中央實未知情，
應亟派員調查；四、五兩條係警告性質；六、七兩條雖
謂為供參考，而實係真正之要求條件。換言之，即六、
七兩條如不辦到，將演成四、五兩條之極端局勢。愚見
如此，究應如何答覆及應付之處？應請兩公迅為商定飭

辦為要。又接敬之兄豔酉電，大致相同，想已閱及。

郛叩。卅未滬印。

批示：

卅未滬電敬悉。〇密。高橋、酒井聲明七條，其中前三條自應作為地方臨時發生事件，中央實不知情，當派員調查。六、七兩條憲兵三團及軍分會之政訓處當即調離北平，河北省市黨部當令其停止活動及宣傳。惟于孝侯問題，昨經電令，三、五日內必須遷保，所有天津文武官吏一律由中央另派。天津警備司令擬以啟予承乏，魚日以前無論孝侯遵辦與否，中央當於虞日自動發表，已以此意電告汪先生，如屆時孝侯不遷，或遷保而仍不能緩和，當再下令他調。似此對外、對內乃能略為兼顧，尚希就近與汪先生切商為禱。

002-020200-00025-013

■ 1935 年 5 月 30 日

蔣中正電張學良據北平方面報告近來日方對于學忠張廷諤均表不滿大有非去不可之勢曾擬發動第二次津市暴動以梅津美治郎力持穩健臨時中止

譯發

廿四年五月廿九日擬稿

特急。武昌行營張主任漢卿兄勛鑒：

0737 密。昨日兩電計均達覽。頃復據北平方面負責報

告，近來日方公言對孝侯及張廷諤均表不滿，大有非去
不可之勢，已不僅省府遷保與否之問題。曾擬於皓日發
動第二次津市暴動，便衣隊之組織準備均已完成，以梅
津力持穩健，臨時中止，但隨時均有發動之可能，河
北省府問題不能有一妥善辦法，則華北之隱憂亦終無
己時，特併轉參考。兄對此問題意見究如何主張？並
盼速復。

中正。卅未秘蓉。

002-080103-00021-031

■ 1935 年 5 月 30 日

**蔣中正電復何應欽此事已非省府遷保所能了事
已迭電張學良商籌根本辦法近來日方對于學忠
及張廷諤均表不滿**

譯發

廿四年五月廿九日下午十一時擬稿

五月廿八日下午十一時核發

急。北平居仁堂何部長勛鑒：

感申行秘電悉。0242 密。此事已非省府遷保所能了事，
連日已迭電漢卿商籌根本消弭之辦法，得復再當奉告。
總盼兄苦心支持，盡力緩和為幸。

中正。〇〇。卅未秘蓉

002-080103-00021-030

■ 1935 年 5 月 30 日

于學忠電蔣中正汪兆銘張學良據報日本欲藉胡恩溥白逾桓被暗殺案要求取消軍分會解散冀省黨部撤退憲兵第三團等已飭屬嚴密戒備

24 年 5 月 30 日

自天津發

號次：983

特急。南京行政院院長汪、巴縣軍事委員會委員長蔣、武昌行營主任張鈞鑒：

○密。津地自日租界胡、白暗殺案發生後，自廿五日起，日軍每日約一、二百名向省市府及省會公安局所在地遊行示威。頃得漢奸處消息云，日人將藉此案要求：（1）取消軍分會。（2）解散本省黨部。（3）撤退憲兵第三團等語。除飭屬嚴密戒備外，謹將日軍近日舉動及所探消息電呈鑒核。

于學忠叩。卅戌印。

002-090200-00016-327

■ 1935 年 5 月 30 日

汪兆銘電蔣中正曰復何應欽二十九日電如下前已電蔣作賓晤廣田弘毅告以胡白事件在日租界發生我方警權不及自無何等責任至於孫永勤事件更與政府無涉等

24 5 30

南京（有線）

836

特急。成都蔣委員長賜鑒：

佶密。敬之豔酉行秘電想已達覽，弟覆如下：（1）弟前已電雨岩促即往晤廣田外相，告以胡、白事件在日租界發生，為我方警權所不及，自無何等責任。即使暗殺凶徒由內地來，我方亦祇能盡協緝之誼。至於孫永勤事件更與政府無涉，乃日方武官有此無理要求，殊非雙方努力親善之時所宜有，盼其設法制止。本日又加急電促雨岩催往交涉。（2）該武官等口頭各項要求全屬有意挑釁，但其癥結所在，仍為對于孝侯。關於此問題，正候蔣委員長復電。如孝侯能以大局為重，自動辭職最好，政府必鑒其公忠優予倚畀也。其他各項有絕對不能答應者，有即使可行亦宜由我方自動行之，絕不可作為妥協條件者，容分別續覆。（3）該武官等固祇係口頭要求，但我方如應付失宜，亦不難造成九一八事件。總盼吾兄鎮靜沉著以處之，謹先奉覆等語。孝侯他調實為解決此事之樞紐，愈遲愈糟，尚祈賜覆。再者華北事

勢息息轉變，如吾兄因督剿事繁未暇裁斷，則至不得已
時，弟擬負責決行，果不得當再由吾兄改正，似為較
愈，並聞。

弟兆銘。陷印。

■ 1935 年 5 月 30 日

**何應欽電蔣中正等日方提出各點勢在必行決辦
理者如次于學忠張廷諤他調津市公安局免職又
軍委會北平分會政訓處長曾擴情憲兵第三團長
蔣孝先等他調等情**

24 5 31

北平

844

急。限二小時到。成都委員長蔣。倪密；南京院長汪。
極秘。迭上儉申、豔卅午各電，計蒙垂察。日方提出各
點勢在必行，我若不於可能範圍內決然自動辦理數件，
則時日遷延必致引起意外嚴重之事態。經職再三考慮，
認為目前應即行決定辦理者如次：（一）于孝侯、張廷
諤他調，津市公安局李俊襄免職。（二）分會訓處長曾
擴情、憲兵第三團長蔣孝先、團附丁昌即行他調。（三）
河北省市黨部專做內部工作，停止其外部活動及宣傳工
作。如能將此三事自動即辦，日方形勢當可緩和也。職
奉命北來，瞬逾兩載，日處風雨漏舟之中，智窮力絀，

應付俱窮。目前形勢迫在眉睫，倘中央能俯如前請，即賜照辦，則職當勉竭棉薄，繼續努力。否則，惟有懇請剋日另派幹員來平負責，未來事變實非駑劣如職所能應付也。如何之處？立候訓示祗遵。

職應欽。卅申行秘。世午重發印。

002-080103-00021-004-002a～003a

■ 1935 年 5 月 31 日

張學良電蔣中正免于學忠冀省主席職恐華北益危請迅賜主持及冀省府已訂於三十日開始遷保

24 年 5 月 31 日

自武昌發（有線）

號次：855

成都委員長蔣鈞鑒：

豔亥秘蓉電奉悉。咏密。前奉鈞座有申秘渝電，當以感午電奉復，計蒙鈞察。查日人態度雖似嚴重，實則故意恫嚇，而促成局勢不定。波瀾起復者，似屬別有挑動。日人縱有激昂者，究不過少數軍人。彼邦外交現頗兩歧，時局雖艱，果能妥善應付，似亦未必以更易冀省主席為遏止日方凶燄之唯一方法。若因此而易人，則使日人之不驕悍者亦將驕悍，無要求者亦將要求，其餘希望必不止。此事于雖去亦不能從此了事，繼于者亦恐無妥善應付之方，影響所及，不惟我方喪失主權，日陷窘境，而彼方得寸進尺，華北恐非國有矣。良對此事憂

處，為國家著想。使去于而有益於國，良必不以私害公；使于去而華北益危，良亦何敢避嫌而械〔緘〕口？辱承垂詢，披瀝直陳。鈞座洞察世變，尚乞迅賜主持為禱。再頃接孝侯電，省府已定於世日開始遷保矣，併聞。

張學良叩。世午公一印。

002-090200-00016-348

■ 1935 年 5 月 31 日

宋哲元電蔣中正天津為華北門戶若遽將省府遷保津埠遂成敵人之勢力北平亦臨於危險

24 5 31

張家口

871

成都委員長蔣：

苐密。頃聞河北省府有遷保之說，如果實現，適中敵人之計，華北前途不堪設想。天津為華北門戶，若遽將省府遷保，津埠遂成敵人之勢力，北平亦陷於危險，人心搖動，而華北危矣。以職愚見，敵方無論施何陰謀，而冀府遷保不宜實行，務請鈞座極力主持，以杜侵略而安人心，是所企禱，謹電奉聞，伏乞垂鑒。

職宋哲元叩。世申印。

擬辦：

擬覆：冀府遷保，中央明令規定已逾半年，原以日人積

年集矢孝侯，誤會甚深，津駐逼處，將召變端，故自動
而為釜底抽薪之計。是以遷保固不免危險，不遷保則尤
為危險。不料時機坐失，愈相持而糾紛愈甚。今縱實行
遷保，能否消弭隱患，則尚不可知，殊令人焦慮耳。

002-080103-00021-113

■ 1935 年 5 月 31 日
**汪兆銘電蔣中正日方非于學忠及所部調開不能
罷手弟意或以于與張羣對調或另給川豫鄂邊區
剿匪總司令等名義津市長亦同時換人以平于氣**

24 6 1

京

892

特急。成都蔣委員長賜鑒：

〇密。接于學忠來電已準備遷保，此事若行之兩星期前
尚可消弭，今已發動，日方非于及所部調開，不能罷
手。弟意或以于與岳軍對調，或另給于以川豫鄂邊區剿
匪總司令等名義；如兩者均不妥，則于另候任用，而以
民政廳長代理主席，以為過渡；津市長亦宜同時換人，
以平于氣。如王叔魯不允即就，則暫以駐平政委會秘書
長俞家驥兼代，惟宜迅速決定發表。昨日以前，尚希冀
日外部能牽掣軍部，今接報告外部已與軍部同一論調，
目前除我方自動辦理，以避免衝突，略存面目外，平、
津再遭戰事恐無可免。敬之一日數電，焦急萬分，且有

引去之請，若明日下午未接尊復，擬即提出會議決定發表，謹聞。

弟兆銘。世申印。

擬辦：世申電敬悉。感戌申及陷電前、昨兩日均已彙覆，計達尊覽。弟意孝侯魚日以前如仍不實行遷保，或遷保而仍不能緩和，祇好另行他調，似給予豫陝鄂川邊區剿匪總司令為宜。冀府主席應可令敬之暫行兼攝，津市長則以叔魯任之，請參照前、昨各電審擇時機酌定發表為荷。

002-080103-00021-043

■ 1935 年 5 月 31 日

何應欽電蔣中正汪兆銘日于學忠云不能因日人要挾而自動提出辭呈又謂如中央認為有易人之必要盡可命令將其免職

24 5 31

北平

938

特急。成都委員長蔣。倪密；南京院長汪鈞鑒：

極秘。今午孝侯來平，職當將近日日方情形告之。孝侯公忠體國，光明磊落，表示絕對服從中央命令，但不能因日人之要挾而自動提出辭呈，致礙國家之體面。又謂「如中央認為有易人之必要，儘可命令將其免職，中央威信較能顧全，至免職令之措詞如另候差委之類，彼均

絕對服從，個人毫無戀棧之意」等語，謹聞。

職應欽。世戌行秘印。

002-080103-00021-051-002a

■ 1935 年 5 月 31 日

蔣中正電張學良此時于學忠應於三五日內自動遷保定

有線。電急。

武昌張主任勛鑒：

感午電悉。咏密。卓見正論，無不感佩。惟盱衡局勢，不能不有緩急輕重之別。如果為孝侯一人之故而牽動全局，當非謀國之道。對方氣焰囂張，向以戰勝國自居，乃至無理可喻；若愈相持，則必糾紛愈甚。初則僅示對于不滿，現則公言驅于，甚至公言河北為兄之外府，尤非驅于不可。倘再無相當之處置，如待其乘隙挑釁，以後正式提出懲于、撤于之要求，則中央更無法應付，豈僅墜失威信、搖動人心而已哉。以對方經過之事實，無理可喻之情勢觀之，則九一八事變之爆發，難保其不再現於今日。若孝侯問題如果堅持，期保威信，則必須先下不顧一切、不辭一戰之決心。如其不能，則應勉盡人事，自動緩和，以冀補救。二者必須擇一而行，已無徘徊瞻顧之餘地。中常以為他友昔日杞憂過甚，危言聳聽，故凡有不利於孝侯等之言論，無不從中關除。及至年初，對方干涉我宜河駐軍問題之發生，中初亦以為友

軍有意忽視客軍之所為，殊不知後來實有其事，乃知其對我華北之駐軍與人事，彼更不能一日放懷，而於平、津更可知矣。孝侯不測環境，不明情勢，而猶以津、京警備問題與敬之協商，此誠抱薪積火，不知其危急之甚，輕重得失，盡不熟計。□至此，以中之意，此時孝侯應不待保署修理之完成，於此三、五日內自動遷保，一面發表，一面同日實行，而於津市警備問題一面派人負責主持，一面請由中央另派大員接替，先示其對於津、京一切權位絕無戀棧之意，然後審視內外局勢，再定去留，則於公於私皆有迴旋之餘地。此乃為孝侯一人之私謀，亦為黨國全局之公謀。知我、罪我，非所願也。

中正手啟。引戌機蓉。

002-020200-00025-014-001a~006a

■ 1935 年 6 月 1 日

蔣中正電復何應欽三十日電所擬辦法三項均可照辦惟于學忠擬仍令其遷保限三五日內實行

譯發

廿四年六月一日擬稿

六月一日下午四時核發

特急。北平居仁堂何部長勛鑒：

儉申行秘及卅申行秘、世午重發電均悉。0242 密。卅申電所擬辦法三項，均可照辦，惟孝侯擬仍令其遷保，並限令三、五日內實行，所有津市文武人員一律由中央

改派，警備司令或以啟予任之。魚日以前無論孝侯遵辦
與否，虞日行政會議均自動發表。若孝侯遷保仍不能緩
和，屆時再行他調可也。未審兄意如何？盼熟籌速覆，
並祈一切忍耐應付為要。

中正。先申秘蓉。

002-080103-00021-032

■ 1935 年 6 月 1 日

蔣中正電汪兆銘有關何應欽所擬辦法三項均可照辦惟于學忠仍令其遷保

譯發

廿四年六月一日擬稿

六月一日下午四時核發

南京汪院長尊鑒：

陷電敬悉。0165 密。敬之卅申行秘、世午重發電計分
呈計達。敬之所擬辦法三項均可照辦，惟孝侯問題擬仍
令其遷保，並限令三、五日內實行，如魚日以前尚不遵
辦或遵辦而仍不能緩和，屆時再行他調。採此步驟，似
對外、對內雙方略能兼顧。但一切應急之處置，弟均可
共同負責，決不讓兄獨為其難也。

弟中正叩。東酉秘蓉。

002-080103-00021-03

■ 1935 年 6 月 1 日

蔣中正電汪兆銘黃郛何應欽冀府遷保定事于學忠未調前須審慎研究

有線電

汪院長、上海黃部長膺白先生、北平何部長勛鑒：

○。頃接膺兄世戌電稱，磯谷談話中有「中央認以為關鍵全在冀于去留問題，此乃大大錯誤」之句，其意所在，應須特加審慎。對酒井、高橋之要求各項，弟意已詳述於昨、今各電，即對於其六、七兩項一面喻之以理，一面調查真相，秉公處理，只要其留有餘地，假以時日，亦可準備自動採用。若竟於此而不容，甚至冀府遷保時，對於津市文武人選亦有無理之要求與苛刻之條件，或且乘省府遷移、新舊不接之際，對方節外生枝、重加阻鬧仍不肯罷手，而反引起意外之變故，則不惟為于等所怨恨，而社會亦鑒因之激起反動，致為不平者所利用。如果對方實逼處此，則為政府自處計，應有切實之準備與慎密之方案，以此事不僅在去數人為止境，萬一其要求無饜，則我方亦不能不有萬一之防備與作最後之決心。務請兄等於冀府遷保、孝侯未調以前，再加研究，一面設法折衝，冀得其一二之了解，略保政府之體面，以為將來旋轉之餘地。何如？

中正。○○。東。

廿四年

002-020200-00025-016

■ 1935 年 6 月 2 日

蔣中正電何應欽連日與汪兆銘電商汪意或以于學忠與張羣對調或另給于以川豫鄂陝邊區剿匪總司令等津市長亦同時換人以平于氣

譯發

廿四年六月二日擬稿

六月二日下午一時核發

限三小時到。北平居仁堂何部長勛鑒：

0242 密。關於冀省府主席及津市長調換問題，連日與汪院長往返電商，汪意或以于與岳軍對調，或另給于以川豫鄂陝邊區剿匪總司令等名義。如兩者均不妥，則于另候任用，而以民政廳長代理主席以為過渡，津市長亦同時換人以平于氣。如王叔魯不允，即就則暫以駐平政委會秘書長俞家驥兼代。中意則孝侯魚日以前如仍不實行遷保，或遷保而仍不能緩和，祇好另予他調。冀府主席或請兄暫行兼攝，津市長則以叔魯任之，除已覆汪院長請其審擇時機酌定發表外，特併轉達。兄意見如何？盼即電復。

中正。蕭未秘蓉。

002-080103-00021-036

■ 1935 年 6 月 2 日

蔣中正電張學良日兄觀察華北局勢或認為日方少數軍人恫嚇遠於事實實則于學忠決心遲滯據日方表示彼始終圖謀破壞協定欲遏止兇焰不能衹更異冀府主席為唯一方法等

譯發

廿四年六月二日擬稿

限三小時到。武昌行營張主任勛鑒：

咏。世午公一電悉。○密。兄觀察華北局勢，或認為日方少數軍人故意恫嚇，或認為別有挑動，似均遠於事實。實則孝侯之決心遲滯，坐失時機，亦以此也。頃據駐平軍分會及政整會豔晚電呈，酒井代表天津駐屯軍、高橋代表關東軍，豔日下午先後赴軍政兩會謁何部長、俞秘書長，已正式提出聲明矣。原文甚長，大率摭拾半年來種種之事實，對於《塘沽協定》及《辛丑條約》多所曲解，其中指摘憲兵第三團、軍分會之政訓處、河北省市黨部所涉方面尚多。然尤集矢於孝侯，謂于學忠本為兄舊部，故始終圖謀破壞協定，年來枝節橫生，皆彼從中作梗，僅表面上令遷保定而仍為冀省主席，於事無濟，中國政府宜自動迅速撤調，否則日方勢必演成自由驅逐之一途；此屬日方貢獻參考，並非干涉內政之要求，認為兩國關係欲謀好感，必須先剗除障礙之人。彼方對於孝侯誤解之深，於此可見。今欲暫時遏止兇燄，以免牽動大局，當然不能衹以更易冀府主席為唯一之方

法，凡憲兵第三團、軍分會之政訓處及河北省黨部，均
應有適當之處置，而孝侯問題尤非急速解決不可。事勢
至此，世日雖擬開始遷保，似已不能緩和。孝侯亮直公
忠，自當優加倚畀。未審兄意如何？切盼熟籌即覆。

中正。蕭未秘容〔蓉〕。

002-080103-00021-039

■ 1935 年 6 月 2 日

何應欽電蔣中正與汪兆銘日頃接張學良復電稱
此次日方舉動係整個中央政權問題非一二人去
留所能止其凶燄如令于學忠去繼其後者恐亦無
妥善應付之方

24 6 2

北平（有線）

943

限即刻到。成都委員長蔣。成密；南京院長汪鈞鑒。極
密。關於最近中日問題，職曾電告漢卿，頃接漢卿冬寅
復電略謂：「查日人之較為激昂者，乃係少壯軍人之主
動侵華一貫之目的。彼邦外交現頗兩歧，時局艱難，若
謂更易冀省當局則可終了，似亦未必。然默察此次日方
舉動，乃係整個對中央政權問題，非一、二人之去留所
能止其凶燄。如令孝侯去，而繼其後者媚外喪權，恐亦
無妥善應付之方。我方輕於易人不惟喪失主權，而於官
吏人心之前途必將大有影響，不只華北恐非我有」等

語，謹聞。

職應欽。冬申行秘印。

002-080103-00021-047-002a

■ 1935 年 6 月 3 日

何應欽電蔣中正曰目前形勢非于學忠暫時忍讓實難使對方緩和已加電汪兆銘酌定發表至冀省主席暫行兼攝一節萬不可行

24 6 3

北平

1062 特急。成都委員長蔣：

蕭未冬申電敬悉。○密。目前形勢非孝侯暫時忍讓，實難使對方緩和。職已加電汪院長，請即照其過渡辦法酌定發表。至冀府主席由職暫行兼攝一節萬不可行，蓋如此則內部將益起糾紛，於公、於私均屬無益有損，且更增職應付之困難。此意亦已逕電向汪院長陳明。

職應欽。江辰行秘印。

擬辦：

已覆：冀府主席兄暫兼既有不便，頃電汪院長孝侯另調川陝甘邊區剿匪總司令，所遺主席派民廳長張厚琬暫行代理，津市長及公安局長亦請其派定，概於五日發表矣。

六‧三。

002-080103-00021-052

■ 1935 年 6 月 3 日

汪兆銘電蔣中正據何應欽謂現形勢非省府遷保所能了事駐日大使蔣作賓電復日外相廣田弘毅意不欲此事擴大盼能容納日軍部意見倘于學忠留則衝突殆無可免

24 6 3

南京（有線）

1127

成都蔣委員長賜鑒：

引亥機蓉、東酉秘蓉、蕭未秘蓉三電敬悉。佶密。當酒井、高橋向敬之交涉時，孝侯如守沉默，尚有迴旋之望；乃孝侯向中外記者發表談話，謂日方必欲盡去華北抗日分子，第一步對彼，第二步即對宋哲元等語，詞氣決裂，因之日方亦無可挽回，故敬之冬已行秘電謂目前形勢已非省府遷保所能了事也。雨岩復電述廣田意不欲此事擴大，但盼我方能容納日軍部意見。蓋此事積之非一日，今乃爆發，倘孝侯若留，則衝突殆無可免。酒井今日晤敬之，弟昨已急電敬之請其設法延緩數日，在此數日中乞早決定孝侯他調後之位置，而明日行政會議則先通過叔魯津市長、啟予司令。因省府遷保孝侯已正式呈報，原不必待遷保事竣，始發表任命津文武也。惟敬之兼代主席與孝侯他調之命令，則宜同時發表。鄙見如此，仍祈卓裁示覆為荷。

弟兆銘。江巳印

002-080103-00021-005-002a~003a

■ 1935 年 6 月 3 日

**汪兆銘電蔣中正據蔣作賓表示廣田弘毅與軍部
協商均主不可擴大河北事件惟盼我方容納日方
軍部意見及有吉明謂酒井隆高橋坦口頭要求僅
聲明現實狀態長此不改恐釀成擴大停戰區域至
平津等**

24 年 6 月 3 日

自南京發（有線）

號次：1144

成都蔣委員長賜鑒：

冬亥秘蓉電敬悉。佶密。茲將弟所得消息彙錄於
下，以供參考：（1）弟電囑雨岩往晤廣田，盼其斡
旋，旋接復電謂廣田已與軍部首腦協商，均主張此
事不可擴大，惟盼我方相當容納彼方軍部意見，早
日就地了結。（2）有吉囑雨岩代達，謂酒井、高橋
口頭要求之件，並未提出停戰區域一項，僅聲明現
時狀態長此不改，恐釀成擴大停戰區域至平、津之
意。（3）有吉並密告此次事件之動機，故由與于主
席不洽所至，但根本原因仍係不免懷疑中央，倘能
聘用軍事顧問數人，收效必大。（4）敬之來電亦說
明酒井、高橋並無擴大停戰區域之要求，但亦說明

彼等對中央之二重外交有所懷疑。（5）弟曾遣湯中以私人資格藉參加湯島孔廟落成典禮赴日訪問，昨接來電與岡田會晤，結果與廣田告雨岩之言略同。就以上五點觀之，日外部雖未能代表行其軍部，但意向不大差遠，且日外部欲與我方協謀，以限制事件之擴大甚為明顯，而敬之來電又與東京所言者相符，敬祈參考。

弟兆銘。江午印。

002-090200-00016-324

■ 1935 年 6 月 3 日

何應欽電蔣中正此次事件日方以于學忠去職為目的且職一再勸于自動辭職冀省府中竟有人疑為中國人與日方勾通謀奪冀省政權今若以職兼攝實足資挑撥者之口實膜

24 6 3

北平

1142

特急。成都委員長蔣。○密；南京院長汪鈞鑒。極密。此次事件發生，因日方以孝侯去職為目的之一，且職一再勸孝侯自動辭職，聞冀省府人員中竟有不明事體之人，疑為中國人與日方勾通謀奪冀省政權者，對職亦難免不無誤會。當此國勢危急，竟尚有人有此種謬誤觀念，寧不痛心。今若以職兼攝，實足資挑撥者之口實，

恐對外問題尚未解決，而內部已生絕大之隔膜，影響國
家前途實非淺鮮。故由職兼攝一層絕不可行，前電未
詳，僅〔謹〕再補陳，務乞鑒察並請秘密。

職應欽。江戌行秘印。

002-080103-00021-055-002a

■ 1935 年 6 月 4 日

汪兆銘電蔣中正曰于學忠報告三日冀府遷保故發表商震天津警備司令王克敏天津市長又于學忠他調位置尚未想定院議暫不提及等

24 6 4 南京
（有線）
1141
成都蔣委員長鈞鑒：
佶密。今日院議：（1）于學忠已正式報告江日冀府遷
保，故發表商震天津警備司令、王克敏天津市長，並
於明日報告中政會議，以府遷保後津市仍為直屬市。
（2）于學忠他調後之位置尚未想定，故院議暫不提
及，惟根據敬之迭電緊急情形，由中央通訊社發出消息
稱「于學忠將另有重要職務，日內他調」等語。（3）
尊慮防外必須防內，極佩。但據目前情形，日軍刻刻與
于尋釁，如于不他調，衝突必不能免，則華北兵禍仍無
底止也。（4）敬之三電堅辭兼代，其意甚決，且敬之
駐平實不能兼顧保事，似宜勉徇其意另謀人選。

　　　　　　　　　弟兆銘。支印。

擬辦：

擬覆：于應另調川陝甘剿匪總司令，昨已專電奉陳計
達矣。

　　　　　　　　　　　　六・四。

002-080103-00021-058

■　1935 年 6 月 4 日

汪兆銘電蔣中正日外務省雖不能抑制酒井隆高橋坦蠻橫無理但確無助長之意及有吉明不日來華擬應付方針內容及于學忠不服中央遷保令請速定接替人選

24 年 6 月 4 日

自南京發（有線）

號次：1205

特急。成都蔣委員長賜鑒：

佶密。此次酒井、高橋等蠻橫無理，日外務省雖不能抑
制，但確無助長之意，且其不欲事件擴大之心，亦昭然
若揭，迭電奉達，想承鑒及。論者憤酒井等之蠻悍，並
外務省亦欷嘆斥此徒，使彼勢益張，我勢益孤，實非得
計。有吉不日來華，弟擬應付方針如下：（1）坦白告
以兩國間事，應依外交途徑以進行交涉，我方無所謂
「二重外交」，如彼方所為乃真二重外交耳。（2）一
切問題如在可能允許範圍兩〔內〕爽快解決，不取延

宕；如不能允許，則斬截拒絕，不復游移。如此做去，
或可將所謂地方事件逐漸減少。此次事件因不能專怪孝
侯，然去冬遷保之令既下，孝侯有見於是春以來中日關
係之好轉，反惑於一二人之言，遂不復以遷保之令為
意，直至最近日軍在省府門前示威，始張皇遷保。中央
命令不若強鄰恫喝之有效，思之可為痛心。如河北主席
真能得明白中央所定方針及具有應付手腕之人任之，弟
敢信必不如此之糟也。敬祈吾兄俯察此情，速定人選，
以挽此危局，幸甚。

弟兆銘。支午印。

002-090200-00016-318

■ 1935 年 6 月 4 日

**何應欽電蔣中正汪兆銘黃郛口頭答覆酒井隆高
橋坦所提要求之要點為已嚴令天津市政府協同
日租界緝拿胡恩溥白逾桓被暗殺案真兇及已令
警團協同圍剿竄擾遵化遷安孫永勤部及于學忠
已他調等及酒井隆仍希望儘先辦理于學忠之罷
免等**

24 年 6 月 4 日

自北平發（有線）

號次：1230

特急。成都委員長蔣。倪密；南京院長汪、上海黃
委員：

極密。今日酒井、高橋來見，欽即口頭答覆其廿九日所
提各項，其要點如次：（1）天津發生胡、白被暗殺事
件，其地點在日租界，係地方臨時發生事件，我政府何
從知情？但因租界毗連天津市，此間已嚴令河北省政府
轉飭津市政府協同緝兇。（2）孫永勤殘部竄擾遵化、
遷安附近，我政府當時即令警團協同圍剿，業已將其擊
潰。至謂曾受遵化縣接濟一層，此間已令河北省政府轉
飭嚴查，如果查有實據，自當照律懲處。（3）于主席
已經中央決定他調，現正斟酌調後之位置，稍緩數日
即可發表。（4）憲兵團團長蔣孝先、政訓處處長曾擴
情已於六月一日免職；憲三團之特務處亦已令其撤銷；
天津市黨部將由中央令其停止工作；藍衣社根本無此組
織。如有妨害中、日國交親善之團體，即予取締。酒井
等對於此項答覆，表示仍希望儘先辦到以下各項：（1）
于學忠之罷免。（2）河北省市黨部之撤退。（3）軍
分會政訓處及憲兵第三團之他調。（4）類似藍衣社組
織之抗日團體之撤廢。（5）五十一軍他調。至於中央
軍他調與否，視蔣委員長之對日方針如何而定。如蔣委
員長確定以日為友，則一切問題均可迎刃而解。否則，
不僅中央軍撤退之問題，軍部方面對華北及全中國均有
最大之決意及充分之準備也。最後又問欽個人今後對日
之根本方針及上述五項如何解決，欽當答以中、日親善
提攜為我中央既定方針，欽當本此方針努力進行，過去
各地如有注意不周之處，當盡力改善。至上述一、四兩
項業已決定辦法，其二、三、五三項可向中央報告，加

以考慮。酒井又謂：「總之，中日問題之關鍵全在蔣委
員長是否真心與日親善，抑係陽作親善，暗中仍準備抗
日。華北近日問題，不過其枝節耳。」謹聞。

何應欽。支酉行秘印。

002-090200-00016-316

■ 1935 年 6 月 4 日

蔣中正電黃郛遷保既不能緩和冀府主席一時亦
不易確定頃電汪兆銘有關于學忠另調川陝甘所
遺主席派民政廳長張厚琬暫行代理津市長

譯發

六月四日下午四時核發

限三小時到。上海黃委員長膺白兄：

1496 密。遷保既不能緩和，冀府主席人選一時亦不易
確定，頃電汪院長孝侯另調川陝甘邊區剿匪總司令，
所遺主席派民廳張厚琬暫行代理，津市長及公安局長
亦請其派定，概於五日發表，特聞。

弟中正叩。豪酉秘蓉。

002-080103-00021-054

■ 1935 年 6 月 5 日

商震電蔣中正奉派為天津警備司令敬乞收回成命

24 6 5

北平

1234

成都蔣委員長鈞鑒：

○密。頃奉汪院長支電敬悉。已商同鈞座派震為天津警備司令等，因聞命之下，倍深惶悚。伏思天津一埠素號衝繁，近以形勢推移，益感關係之重，交防維應付均非庸愚所克勝任。在震許身黨國，原不計夫艱危，誠恐損越貽機仍無補於國事。思維再四，唯有披瀝下忱，敬乞收回成命，是所叩禱。

商震。微秘印。

002-080103-00021-007-002a

■ 1935 年 6 月 7 日

何應欽等電蔣中正請密示中央對日本根本方針及派一外交員來北平以便隨時商酌協同處理等文電日報表等二則

來電號次：1310

姓名或機關：何應欽

地址：北平

來電日期：虞（午行秘）

來電摘要：

日來此間情勢仍極嚴重，中央對日根本方針如何？務乞
密示，以便應付，免誤事機，並乞派一外交大員來平，
隨時商酌，協同處理，以免遇事往返電商，貽誤機宜，
盼復。

擬辦：

此電分致川、京，另派外交大員赴平一節，可由汪院長
答覆。惟中央對日之根本方針如何，似確有決定之必
要，最低限度，似亦必須確定三年以內之方針，應如何
酌覆？請核示！

批示：

對日方針中央在一月間早已決定，並未變更。對於派外
交人員駐平協商，以便遇事及時解決，以免電商誤機，
此為必要，已電汪先生照辦。總之，華北對日交涉關於
軍事者，當由兄全權處理，亦不必事事請示。請兄參酌
當地情形如何，方能運用為宜？請詳告為盼。

002-080200-00452-103-001a

■ 1935 年 6 月 7 日

張廷諤電蔣中正等新任市長遲遲其行津市外交及治安均陷千鈞一髮之狀懇鈞座迅電力促新市長迅速來津接替

24 6 7

津天〔天津〕

1355

成都委員長蔣；武昌主任張鈞鑒：

嘉密。廷諤奉令免職，當已飭屬預備交代，亟待接收，而新任市長遲遲其行，致關於津市外交之斡旋及治安之保衛均陷於一髮千鈞之狀。廷諤在職一日，自應負責一日。無如環境不許，事實萬難，倘有疏虞，廷諤將於重慶、於國事何補？除逕電行政院，分電北軍平〔平軍〕分會、政務整理委員會、保定河北省政府外，務懇鈞座迅電力促新市長迅速來津接替，俾遑遑之人心藉資鎮定，即廷諤亦得早避賢路，以卸仔肩也。謹電直陳，伏維垂鑒。

市長張廷諤叩。陽印。

002-080103-00021-014-002a

■ 1935 年 6 月 5 日

何應欽等電蔣中正請密示中央對日本根本方針及派一外交員來北平以便隨時商酌協同處理等文電日報表等二則

來電號次：1317

姓名或機關：黃郛

地址：上海

來電日期：歌（戌滬）

來電摘要：

豪酉電敬悉。敬之兄支酉電想蒙察閱，同時接政整會俞秘書長支酉電稱：「頃酒井來談，略謂省市改組，為中國內政問題，本不願過問，但為求前途安定起見，希望中政府注重採取各點：（一）勿由南方另行派人，即就華北現有人才中選任。（二）須擇其熟悉華北情形者。（三）須擇其能為日方諒解者。（四）須有能力可以隨時應付，不必事事取決於中央者。至於人選，如商震、王克敏均屬相宜。又楊村、落岱一帶所駐之五十一軍，時有阻礙日軍軍用電信行為，須一律撤退。又有特別希望鈞座建議者兩事：（一）盼望蔣委員長實現中日真正親善，勿再為二重之外交政策。（二）平、津黨務，宜一律完全撤退，勿再外示約束，而內部仍工作」各等語。查上述各節，對方要求雖層出不已，而口氣似已和緩，前此將平、津劃入戰區之說，已不復再提。又磯谷本日赴津，聞往返約須十天，臨行帶使館某參贊同行，

表示外、陸一致，其任務未能探知，附達參考。

擬辦：

擬覆敬悉。

如擬。

002-080200-00452-103

■ 1935 年 6 月 7 日

何應欽電蔣中正汪兆銘七日與高橋坦談日軍部認為尚未達到其要求請我方再考慮答以我方僅能再辦到憲三團與政訓處調離北平及津市黨部停止工作冀省黨部移保定停止外面工作及取締藍衣社等

24 年 6 月 7 日

自北平發（有線）

號次：1336

特急。成都委員長蔣、南京鐵道部一號官舍院長汪：

渙密。極密。今日職與高橋會見，據云彼與酒井對於我方所決定辦理之事件業已轉達軍部，但軍部認為尚未達到日方之希望，表示不滿。望我方再加考慮，以免事態嚴重等語。職當答以我方僅能再考慮辦到以下數點：（1）憲三團及政訓處調離北平。（2）津市黨部停止工作。（3）河北省黨部移保定，停止外面工作，將來人員竭力縮少。（4）北平勵志社、軍事雜誌社取消。（5）日本方面所謂如藍衣社、復興社有害兩國國

交之祕密機關充分取締，不使其再存在。高橋允即報
告軍部及梅津，明後日可得答覆。最後高橋復提到中
央軍稍為南移問題，職即答以此事絕難加以考慮，請
其向軍部疏通，勿再提及此事，高橋亦允為轉達。除
即由職下令再辦一、四兩項外，謹呈鑒核。又此次會
見所談各節與高橋約定兩方均不向外發表。

職應欽。陽酉行秘印。

002-090200-00016-330

■ 1935 年 6 月 7 日

唐生智電蔣中正據報梅津美治郎因不滿何應欽
答覆於七日召集會議討論日軍應採取何種步驟
及陸軍省表示如中國當局仍遷延不負責將自動
採取嚴厲處置等

24 年 6 月 7 日

自南京發

號次：1383

限即到。成都委員長蔣：

○密。頃本處得今晨關於華北最近消息二則：（一）日
本華北軍司令官梅津中將決於今七日在司令部招集會
議，因何應欽答覆不滿意，故討論日軍應採取何種步
驟，重要日軍將官全體出席云。（二）陸軍省發言人
謂，如中國當局仍遷延不負責，陸軍長當自動採取嚴厲
處置一方法。中國方面如不接受日方屢次警告，此種嚴

厲處置決不可決。以上訓令已發往日本駐華北軍事當局
及高橋，同時亦已令梅津通知華北當局及中央政府日本
態度云等語，合即電陳。

職唐生智叩。陽申高一印。

002-090200-00016-301

■ 1935 年 6 月 7 日

蔣中正電復商震華北局勢艱危中央任兄警備天津望勉為其難即速就職

譯發
廿四年六月七日下午五時擬稿
六月七日下午五時核發
限即刻到。北平商總指揮啟予兄勛鑒：
微秘電悉。荽密。華北局勢艱危，中央任兄警備天津實
斟酌至當，倚畀殊深。兄素深明大義，務望勉為其難即
速就職，勿再謙辭為盼。

中正。遇戌秘蓉。

002-080103-00021-008

■ 1935 年 6 月 8 日

何應欽電蔣中正言梅津美治郎等在天津會議內容及以軍事準備進占天津北平計畫

24 6 8

北平

1368

特急。成都委員長蔣、南京鐵道部一號官舍院長汪:

渙密。極密。汪院長庚復電悉,據報陽晨梅津、酒井、磯谷等在津會議,並決議由華北軍部負責向南京政府提嚴重抗議,內容大致以華北排日問題絕非交換一、二官吏即可解決,尤以于學忠免一省職務而任三省職務,實無誠意,顯然易見。其準備萬一之計畫,以華北駐屯軍為主體,占領津浦線、黃河北岸及天津;關東軍出榆關維持戰區治安,監視灰色軍之戰區保安隊劉、何、周諸部;熱河駐軍急速出北口,占領北平,同時下張家口及察東,壓迫駐北平之中央軍。以上諸種準備妥當,將於一、二日內擬就哀的美敦書,促南京政府廿四小時內答覆等語。聞磯谷、酒井定今晚來平,明晨或將來見。萬一彼等仍以嚴重態度提出中央軍撤退問題,可否由職斟酌情形,自動將北平附近中央軍調往保定或長辛店以南,藉以緩和形勢,顧全大局,如何之處?立候五小時內示遵。

職應欽。庚申行秘印。

002-020200-00025-020-003a~004a

■ 1935 年 6 月 8 日

吳鐵城電蔣中正八日晤石射豬太郎談及華北問題其認為該事件應能和平解決惟慮華北中國軍隊有不穩消息而我知何應欽定能維持華北治安

24 年 6 月 8 日

自上海發（有線）

號次：1501

成都蔣委員長鈞鑒：

渡密。本日中午晤石射總領事，偶談及華北問題，石射謂：據彼所知，華北事件不致擴大，惟聞華北中國軍隊因憤激有不穩消息，此為可慮之事。當答以如華北事件能和平解決，不增加何部長困難，我知華北治安何部長定能維持有餘裕也，謹電奉聞。

鐵城叩。庚申印。

002-090200-00016-311

■ 1935 年 6 月 8 日

楊杰熊斌電蔣中正據報雨宮巽向日本記者表示憤慨于學忠措置失當及磯谷廉介赴津出席重大會議時曾電請派一旅團來滬駐紮江灣及林銑十郎會見土肥原賢二等決定華北對策等

24 年 6 月 8 日

自京發

號次：1447

特急。成都委員長蔣鈞鑒：

戌密。據各方密報摘錄如下：（1）日駐京陸軍武官雨宮向其本國新聞記者表示憤懣，云任于氏如斯要職，實屬措置失當，似為有系統之傳播。同時駐京日新聞界亦接其本國電告軍部對策，此次舉措異常憤慨。（2）磯谷赴津出席此次重大會議時，曾電東京請派一旅團來滬，駐紮江灣。（3）電通社傳，日瓜代軍第七師、第四師各一部於陽日下午九時首途回林，陸相昨抵長會見西尾、永田、土肥原、大城戶等，作重要協議，決定以後華北之對策，並派土肥原本早赴津提示對案內容：（1）提示具體要求的條件。（2）如華方不實行時，日軍發動實力之具體案。（3）廣田陽日在閣議報告華北事件，外務省委諸陸軍當局折衝等語，特電呈。

職楊杰、熊斌叩。庚□印。

002-090200-00016-305

■ 1935 年 6 月 8 日

汪兆銘電蔣中正何應欽對日軍部意見非中央軍撤退不能罷手之對策

24 6 8

南京（有線）

1339

成都蔣委員長、北平居仁堂何部長：

渙密。敬之兄陽西行秘電誦悉。昨日雨宮未來，只須磨來晤有壬兄，以第三者資格述日軍部之意見，非中央軍撤退，不能罷手。經有壬兄駁覆，須磨亦知無理可講。照最近情形，日軍部殆將重演一二八之故事，屆時強中央軍撤退，中央軍如不答應，即成衝突。以正義言，只有此途，成敗利鈍，在所不計。若為顧全著想，則只有對日方口氣絕不放鬆，而即日由軍分會以尋常調動軍隊之形式，命令在平、津附近之軍隊稍為南移，使彼無所藉口。惟此事宜即日行之，若遷延二、三日，則彼方強我撤退之通知與彼方軍隊之開進同時並到，無可避免矣。此事似宜交由敬之兄相機處理，弟當共同負責也。

弟兆銘。庚辰印。

002-020200-00025-022

■ 1935 年 6 月 8 日

汪兆銘電蔣中正請設法對日說明蔣作賓僅抗議酒井隆對我最高軍事當局無禮並非挑撥日陸軍與外務及我方對日除拒戰避戰無他法等文電日報表等二則

來電號次：1463

姓名或機關：汪兆銘

地址：南京

來電日期：齊（午）

來電摘要：

頃復敬之魚、陽各電文曰：（1）所謂二重外交乃抽象名詞，所謂藍衣社更虛無縹緲，均無從答覆。（2）日方向以關東軍、駐屯軍與軍分會接頭，公使館與外交部接頭，故此次來外交部傳達意見者仍為須磨，而我方命蔣大使所抗議者，僅對於酒井無禮於我最高軍事當局之言論，其實亦如須磨之傳達意見，共謀解決，並非有意挑撥日陸軍與外務之惡感，請設法說明。（3）日方明知無理可說，而逐步逼緊不已，其挑釁之情如見；我方除拒戰與避戰外，實無第三條路，而此兩條路亦只有任擇其一。

擬辦：

擬復敬悉。

批示：

如擬。

■ 1935 年 6 月 9 日

蔣中正電汪兆銘中央軍南移不如固守平城此時應全力打消其撤退要求

譯發

六月九日下午一時核發

限三小時到。南京汪院長尊鑒：

庚辰電敬悉。渙密。中央軍如南移，即與迫我放棄平津、乃至放棄華北同一意義。日方日前所要求者，現已完全辦到，所餘者祗此一點。然日方仍對中央迫脅不已，一再以撤退為言。彼一面復派松本、橋本到兩廣，使之獨立開府；一面在內蒙、察東策動擾亂各方並進，則彼之目的在推倒中央，分割中國，絕不稍留餘地，已顯而易明。故駐平中央軍無論是否南移，恐彼必繼續與中央乘釁挑戰，不達其整個目的不止，實非中央軍撤退便可罷手，不過當前姑以要求撤退為口實耳。顧中央軍一旦撤退，則兩廣更有辭可借，發動開府，內外交逼。是時我國政府對國際固難措手，對民眾則大失信仰，益陷入窮境，無可為計矣。弟考慮再三，認為撤退問題實最重要之關鍵，應決定拒絕，不能接受。與其撤退平、津後再圖不得已之抵抗，則不如固守平城，以期伸我正義。即使失敗，亦較光榮也。惟此時應用全力打消其撤退之要求，並宜於京、滬、平、津及東京各方面同時設法斡旋，否則實無以善其後，想兄亦必同感也。

弟中正叩。○○。泰申秘蓉。

■ 1935 年 6 月 9 日

何應欽電蔣中正對酒井隆所提河北省內一切黨部完全取消等要求之處理

24 6 9

北平

1419

成都委員長蔣、南京鐵道部一號官舍院長汪：

渙密。今日酒井等來見，對於此間已辦諸事，認為尚未滿足。對以下四點，仍希望即日辦理，否則日軍即採斷然之處置：（1）河北省內一切黨部完全取消（包含鐵路黨部在內）。（2）五十一軍撤退，並將全部離開河北日期告知日方。（3）中央軍必須離開河北省境。（4）全國排外、排日行為之禁止。至謂一、二、三項均係決定之件，絕無讓步可言，並請於文日正午前答覆等語。職意目前情勢十分緊迫，對此四點，祇有即日分別自動辦理。其一、四兩項擬請中央決定下令；第二項正由此間辦理中；其第三項職意原擬將廿五師調離河北，第二師仍駐保定，但酒井等謂係日軍部之決意，萬難變更，即第二師亦須即日調離河北。如何？乞迅賜示。

職應欽。佳未行秘印。

■ 1935 年 6 月 9 日

汪兆銘電蔣中正日人乘人之危分割華北此時若
華北當局能與中央成為西南之半獨立態度而骨
子裡則心心相印俾對日交涉經由華北當局自行
了結為害當可較輕

24 6 9

南京

1440

特急。成都蔣委員長：

〇密。遇戌秘蓉電敬悉。冀府主席人選，弟前曾建議宜
以能執行中央政策、具有應付手腕者任之。默察最近情
形，覺有補充之必要。日方不欲我統一，肺肝如見，不
獨見我西征軍事方殷，白銀問題、經濟財政極度困難，
遂乘人之危欲分割華北，而其使橋本武官潛赴西南，松
本參預官來華考察亦先赴西南，欲以加強西南分裂之形
勢，亦其一貫之政策。然則華北若與中央表面分離，反
得苟全，否則更促其吞併。故此時若華北當局能表面與
中央成為西南式之半獨立態度，而骨子裏則心心相印，
俾對日交涉經由華北當局自行了結，為害當可較輕。惟
如此，則華北當局以本身自有若干實力、不全憑藉中央
者為宜。漢卿本有此資格，惜其與日方已成水火，杆格
不入，故宜就河北將領中擇人任之。此著全在運用得
宜，斡旋無跡，否則不啻為日人製造傀儡矣。尚祈察酌
為荷。

　　　　　　　　　弟兆銘。青未印。

擬辦：

擬覆：所擬冀府主席之人選標準，卓見甚佩。惟人選確
定及發表時機，似應尚待一番之布置耳。

六・十。

■ 1935 年 6 月 9 日

何應欽電蔣中正汪兆銘力陳應於日方正式提出最後通牒前自動辦理中央軍撤離冀境及冀省黨部完全取消等

24 6 9

北平

1418

成都委員長蔣、南京鐵道部一號官舍院長汪：

佳未電計達。渙密。極秘。中央軍撤離冀境，冀省黨部
完全取消，此為日方堅決之希望。我若主張拒戰，則不
必說；若不能拒戰，則千鈞一髮，勢迫眉睫，非臨機決
斷，於彼方未正式提出最後通牒前自動辦理，無以挽救
危機。萬一彼方兵臨城下，武力逼迫，職個人犧牲不足
惜，此兩師中央軍之犧牲不足惜，其影響國家全局極
鉅。如何之處？立候示復。

　　　　　　　　　職應欽。佳申行秘印。

■ 1935 年 6 月 9 日

何應欽電蔣中正汪兆銘稱據報日軍部最近之計策及其內容毒辣中央應召集會議速籌根本對策

24 6 9

北平

1415

成都委員長蔣、鐵道部一號官舍院長汪：

渙密。極秘。頃據與酒井熟識之某君言：日軍部最近計策如下：（1）第一步，如中國接受駐屯軍之全部要求，事件或可略為緩和，將來華北不過成立一如西南局面之機關。關於華北方面中日提攜問題，將與此機關作真面目之商議。（2）如第一步要求不能，即中國方面不全部接受其要求，又日後則取軍事行動，將來擴大至何地步，亦難想像。不僅擴大至黃河流域，或許擴大至揚子江流域。（3）第三部〔步〕要求全國國民黨之解散，並於全國設立監視網，另組政府。日人此種陰謀極其毒辣，中央對此應星夜召集會議，速籌根本對策，否則遇事應付，遷延不決，國家前途殊難逆料也。

職應欽。青申行秘印。

002-090200-00016-364

■ 1935 年 6 月 9 日

何應欽電蔣中正稱酒井隆要求河北省黨部取消及
中央軍撤離冀境必須辦到且須於文日以前答覆並
不得再向外交界進行接洽或其他策動

24 6 9

北平

1416

特急。成都委員長蔣、南京鐵道部一號官舍院長汪：
渙密。極密。酒井頃託人來告彼接軍部電：河北省內黨
部取消及中央軍撤離冀境兩事必須辦到，並須於文日以
前答覆。又云：如將今日所提各項辦到，前河北問題即
可告一段落。又謂此事完全由駐屯軍負責辦理，如我方
再向外交界進行接洽或其他策動，則恐事態益致擴大，
不易辦理等語。

職應欽。青申行秘印。

002-080103-00024-003-003a

■ 1935 年 6 月 9 日

何應欽電蔣中正即令中央軍自動調駐豫省期保平津

24 6 9

北平

1417

成都委員長蔣：

泰未秘蓉電奉悉。渙密。此次事件，起因於天津胡、白暗殺案，據日方多方搜得證據，謂由藍衣社所為，並強誣鈞座為社長，而指政訓處憲三團為執行者。故此次發動，其目標集中於鈞座，日方甚願與中央軍立刻發生衝突，則京滬、長江流域均可同時發動。我方軍事、經濟與外交一切均無準備，萬一戰事發動，頃刻之間即將平、津斷送，且將牽動京、滬及長江一帶，國內立致崩潰。況黃師大部駐保，南苑僅駐二團，關師二團亦演習在外，僅有三團駐黃寺，于軍、商軍正在換防，絕非短時可能部署。且後方毫無準備，戰守兩均為難。目前之計，惟有照汪先生迭電共同負責之主張，即下令將中央軍自動調駐豫省，期能保全平、津及國家元氣，留作持久抗戰之基礎。迫切陳詞，伏乞垂察。

職應欽。佳戌行秘印。

002-020200-00025-026

■ 1935 年 6 月 9 日
顏惠慶電蔣中正稱昨晤日代辦據稱交涉由廣田全權辦理軍人不得自由行動等

來電號次：1459

姓名或機關：顏惠慶

地址：莫斯科

來電日期：佳

來電摘要：

昨晤日代辦，據稱中日交涉由廣田全權辦理，軍人不得自由行動。又捷克外長訪俄，晚間同席談及國聯事，渠仍信關於東省報告，在伊生前必發生效力云。

擬辦：

擬復：中日交涉廣田實不能主持，已全由軍人控置〔制〕矣。

批示：

如擬。

002-080200-00453-006

■ 1935 年 6 月 9 日

蕭叔宣電賀國光日參謀本部要求取消藍衣社並根本改變排日精神及職未得中央指示與日軍部談話頗覺為難等文電日報表等二則

來電號次：835

姓名或機關：蕭叔宣

地址：東京

來電日期：佳

來電摘要：

本日訪日參部私談，據言「本日正式提出條件，中有解消藍衣社等一項，中國如不承認有藍衣社，則此後類似該社分子由日方自由取締。所要求各件，若無滿足答覆，即取軍事運動；一時不能做到者，亦須嚴定時日實行。以上僅一時的辦法，至對全華各地要求澈底取締，由日本監視實行一節，將來或由外務省嚴重要求，亦係應有之事。總之，國民黨如不根本改變排日精神，中、日永難親善」等語。華北事件內容及經過，宣未得我中央隻字指示或通報，故與日軍部談話頗覺為難。乞轉呈。（此係致賀主任電）

擬辦：

（以賀主任名義覆之）擬覆：東、支、陽、佳、真各電均為轉呈，應向外、參兩部協取聯絡，互相通報。

批示：

如擬。

002-080200-00453-028

■ 1935 年 6 月 10 日

蔣中正電何應欽華北既決隱忍則察東亦應設法緩和囑宋哲元負責運用

最急。二小時到。北平居仁堂何部長勛鑒：

青申佳戌申未亥各電均悉。渙密。黃、關兩師想已調動，准照佳亥電辦理，但須以調往陝北參剿為名，並以車運洛陽與西安，集中實行參剿，則對內較易應付，又應以調防形式出之。華北既決隱忍，則察東亦應設法緩和，切囑明軒負責運用。但中央軍既經離冀，則對磯谷不必再說面商字樣，只說有機亦願相見可也。

中正。○○。灰未機蓉。

002-020200-00025-027

■ 1935 年 6 月 10 日

何應欽電蔣中正遵中央決議結束河北省黨部等四點口頭答覆高橋坦

24 6 10

北平

1554

特急。成都委員長蔣：

渙密。極秘。職於今日遵照中央執委會秘書處灰電暨汪院長蒸巳電所示中央決議意旨，以下列四點用口頭答覆高橋：（1）河北省內黨部之撤退，已於今日下午即日

起開始結束。（2）五十一軍已開始移動，預定自十一
日起用火車向河南省輸送，大約本月廿五日輸送完畢。
但如因車輛缺乏，或須延長數日。（3）第二十五師、
第二師已決定他調，預定一個月運畢。（4）關於全國
排外、排日之禁止，已由國民政府重申明令等語。

職應欽。蒸酉行秘印。

002-020200-00025-028

■ 1935 年 6 月 10 日

**黃郛電蔣中正汪兆銘據俞鴻鈞電稱酒井隆表示
其與高橋坦為實際負責交涉者及關於河北事變
交涉問題等**

24 年 6 月 10 日

自上海發

號次：1602

特急。成都蔣委員長、南京鐵道部官舍汪院長勛鑒：
〇密。頃接俞秘書長佳酉電稱，頃酒井來會，謂日間
向何部長提議各事茲併向政整會陳述，希電達黃委員
長速轉中央：（1）磯谷此來專為實地觀察，至一切交
涉仍由酒井、高橋負責折衝。（2）前次提議各點，現
在辦至如何程度？特來問詢視察。（3）此來並非另有
要求，但中央態度如不更改，速謀解決，則事態仍可
擴大。（4）何部長此次應付苦心，日方亦相當諒解，
但仍然不滿者為東京、南京兩方面。東京方面約分四

點：（1）蔣大使謂河北事變乃地方問題而非國家問題，認識未免不足。（2）否認中國有藍衣社組織，顯係掩飾。（3）認外務、軍部主張不同，跡近離間。（4）非難駐華日武官發言時譏刺蔣委員長，要知蔣非元首，於國際禮義並無不合。對殷同在日言論態度異常傲慢，表示不滿。又詢于部何日移防完畢，何部長答須一月，酒井稱時間過長，宜盡量縮短，何允督飭速辦。又第二、第二十五兩師，日本中央軍部乃必須調開，無商量餘地，究竟何日移動？又河北全省黨部均非取消不可，何答以此兩事均須轉呈中央核示。酒井謂希在文日以前將辦理情形答覆，最後則謂尚有三要點須鄭重聲明：（1）已開出之憲兵團黨部及取消之特務隊並各機關，希望勿再復活或變相設置，其他一切類似反日之行為弗再發生。（2）河北省市人選須考慮對日關係而定。（3）蔣之態度須切實表示，勿再以文字空言相搪塞，更勿再襲二重外交之故智。須知日方現對中國取監視態度，以後倘再有違約情事，不惜取糾正手段。磯谷且謂：剿共固為中國重要問題，但以予觀之，實不如對日問題為重。蔣馳驅邊陲，希圖避免交涉實屬失策，請何切實轉達，並云同時擬由京、滬各武官、參政會分別設法轉達，以促蔣注意各等語，特轉呈參考。

郅叩。灰未滬印。

002-090200-00016-303

■ 1935 年 6 月 10 日
汪兆銘電蔣中正河北中央軍似以暫行撤退為宜

24 年 6 月 10 日

自南京發

號次：1525

限即到。成都。蔣委員長賜鑒：

蒸午電計達。〇密。中央軍撤退後，日軍能否不進逼固無把握；然中央軍不撤退，則文日即開始戰事。而據敬之電，平、津無法持久，屆時平、津及河北均為熱河之續，或須締結較《塘沽協定》更擴大、更嚴酷之停戰協定，所失更多。反之，撤退中央軍以後，若日軍不進逼，則尚可謀一延宕之局，以待形勢之推移。若日軍仍復進逼，則中央軍仍可領導諸軍一同拒戰，而諸軍鑒於中央之委曲求全，終於一戰以示決心，亦必深為感動而共同赴敵也。兩害相權，似以暫行撤退為較宜。鄙見所及，謹備參考。

弟兆銘。灰未印。

002-090200-00016-309

■ 1935 年 6 月 11 日

楊杰熊斌電蔣中正稱據報日軍部態度硬化理由為華北嚴重問題僅交政務官辦理毫無誠意及蔣作賓言論有分化軍部與外省之嫌及認何應欽答覆關於藍衣隊事為不友誼

24 年 6 月 11 日

自南京發

號次：1550

特急。成都委員長蔣：

〇密。據報，日軍部態度硬化，所持之理由如下：（一）認鈞座對華北嚴重問題僅交政務官辦理為毫無誠意。（二）認蔣大使所云日駐華武官對鈞座個人評〔抨〕擊為毫無根據，且有分化軍部與外省策略之嫌。（三）認何部長所答華北並無藍衣隊，有之必予解散等語為不友誼。謹密呈鈞察。

職楊杰、熊斌叩。參禮尤印。

002-090200-00016-312

■ 1935 年 6 月 11 日

何應欽電蔣中正汪兆銘由高橋坦交來覺書稿一件內容涉及中國曾經承認日軍實行事項如罷免于學忠等人與軍分會政治訓練處等取締藍衣社等職拒絕蓋章

24 年 6 月 11 日

自北平發（有線）

號次：1583

特急。成都委員長蔣、南京鐵道部一號官舍院長汪：

渙密。極秘。頃由高橋交來覺書稿一件，文曰〈覺書〉：「（1）在中國方面，對於日本軍曾經承認實行之事項如左：一、于學忠及張廷諤一派之罷免。〔二〕、蔣孝先、丁昌、曾擴情、何一飛之罷免。三、憲兵第三團之撤去。四、軍分會政治訓練處及北平軍事雜誌社之解散。五、日本方面所謂藍衣社、復興社等有害於中、日兩國國交之祕密機關之取締，並不容許其存在。六、河北省內一切黨部之撤退，勵志社北平支部之撤廢。七、第五十一軍撤退河北省外。八、第二師、第二十五師撤退河北省外，及第二十五師學生訓練班之解化。九、中國內一般排外、排日之禁止。（2）關於以上諸項之實行，並承認左記附帶事項：一、與日本方面約定之事項，完全須在約定之期限內實行，並承認左記附帶事項，一、與日本方面約定之事項完全須在約定之期限內實行，更有使中日關係不良之人員及機關勿使從新進

入。二、任命省市等職員時，希望容納日本方面之希望，選用不使中日關係成為中日不良之口物。三、關於約定事項之實施，日本方面採取監視及糾察之手段。以上為備忘起見，特以筆記送達」等語，囑職照繕一份蓋章送去，職當加拒絕，並謂「以前係兩方口頭約定，由我自動實行，不能以書面答覆」等語。如何應付？乞迅賜示。

職應欽。真酉行秘印。

002-090200-00016-304

■ 1935 年 6 月 11 日
何應欽電蔣中正汪兆銘已派員向高橋坦表示此次中日事件中國已照日本所提各點積極辦理無須再用書面表示及覺書第二款事項中關於政治方面非部長權限內事已經答覆高橋坦且其已表示滿意等

24 年 6 月 11 日
自北平發
號次：1548
特急。成都委員長蔣。○密；南京院長汪鈞鑒：
真酉電計達。經職派員向高橋表示：（一）此次關於中日事件，磯谷、酒井與高橋晉謁部長面談，均希望中國方面自動處理，和平解決，中國方面業已照貴國所希望之各點分別辦理多項，其餘諸項現正在積極辦理中，故

無須再用書面表示。（二）此次事件並非懸案性質，已剋日解決；其未辦結者在約定之期間定可辦到。今貴方又續行要求書面表示，似無必要。（三）覺書第二款之事項中多關於政治方面，非部長權限內之事；且此事昨日何部長答覆高橋武官時，高橋表示滿意，當將經過呈報中央等語。因高橋已於四時半赴津，此項表示係託武官室職員渡邊以電報轉達，餘情續陳。

職應欽。真西行秘二印。

002-090200-00016-314

■ 1935 年 6 月 12 日

蔣中正電何應欽在北平附近中央部隊應即全部撤離力避衝突

萬急。三小時到。北平居仁堂何部長勛鑒：

渙。中央軍既決撤退，則在北平附近之中央部隊應即全部星夜徒步撤離，仍須防其藉口挑釁，力避衝突。有否撤離，盼立復。

中正。〇〇。震西機蓉。

002-020200-00025-030

■ 1935 年 6 月 12 日

管翼賢陳方電楊永泰因日本要求對河北事件談話紀錄簽字等因致何應欽離開北平及察哈爾事件日本要求宋哲元道歉免軍法處長職等

24 6 13

北平

2884

楊秘書長暢公鈞鑒：

實密。芷兄呈：（1）敬公元晨二時半赴京，行前曾邀各委員至居仁堂談話達一小時，對外交、治安各事均布置停當，並諭德純、翼翹、毓坤、致中、樹常等各人負責辦理一切。傳何走後軍分會將撤銷，何走原因係以關於華北問題，迭次談話已製成紀錄，對方要求簽字未能辦理；又因陳濟棠等灰有電來責難，何氏更因對日諸事棘手，故決南下。（2）日對津警備司令名目表示不能承認，經交涉，何昨晚下令改為津沽保河司令，已通知商震。（3）何行前曾電膺公促其速返，當未得復。磯谷昨日在滬晤黃時，曾勸其勿北返。（4）察事情勢嚴重，戰事隨時可爆發，在平、察要人對此事件希報紙勿刊載。（5）古北口日軍川岸部元開石匣以監視中國履行各條件。（6）日兵十餘文晚赴軍分會及學忠住宅取鬧，經再三排解始去。（7）平市謠諑又起，南下旅客倍增，北上者極寥寥。（8）日請將察省委蕭龐易人，此間有允意。（9）日主張在戰區各縣內派日人作縣

佐。（10）平、津軍政無主，民眾咸望負責者速來，以免成為過去之東北因無主而失四省，且有怨言。（11）察事日提哲元道歉，免我軍法處長職易解決。（12）日在津組人民自救會，意在奪取政權。

翼賢、陳方叩。

002-080200-00229-091

■ 1935 年 6 月 13 日

軍事委員會委員長行營整理唐有壬等與蔣中正對日外交意見往來函電

24 6 13

安哥拉

1711

重慶委員長蔣：

〇密。閱報已允退出平、津，愚意如各軍自動固守平城，寧使玉碎，於對內、對外極有意義，廿一年曾陳理由，該處工事正可利用，捨此更難一戰，於人心之損失頗大，乞裁。

職賀耀組叩，元印。

002-080103-00003-004-082a

■ 1935 年 6 月 13 日

何應欽電蔣中正為免成為日人脅逼中央之人及報告北方情形與日人企圖決於今日離平赴京並已分令鮑文樾等人處理分會事務維持平津治安等文電日報表等二則

來電號次：1651

姓名或機關：何應欽

地址：北平

來電日期：文行祕

來電摘要：

此次河北問題，以自度國力，審察內局，故秉承鈞座意旨，忍辱應付。現日方又復提出書面答覆之要求，雖經向日方表示不能辦到，但日人難免不再來要求，且聞日方又有要求宋明軒軍撤退之訊。職再四考慮，職若留在北平，則日人必以職為目標，用此種表面和軟、實際毒辣之手段節節向職進逼，不惟職無法應付，即中央因留此可以被脅逼之人在平，應付上亦將增困難。且關於北方整個情形及日人企圖，亦有回京報告必要，故決於今日離平赴京。關於分會事務及平津治安，已分別令辦公廳主任鮑文樾及本會常務委員負責處理。至於平津治安，已令平津衛戍司令王樹常、天津警備司令商震、北平憲兵司令部邵文凱、平津兩市長共同維持。謹聞。

擬辦：

敬之已於文日離平南下，留亦不及，則冀省主席之決定

及察省問題之應付，亟應妥為處理。擬電汪先生並覆敬
之，就以上兩事速為商定電告，當否？請核示！

批示：

如擬。

002-080200-00453-032

■ 1935 年 6 月 13 日

蔣中正電何應欽有關高橋坦交來覺書切不可以書面答覆

譯發

廿四年六月十三日擬稿

六月十三日上午十一時核發

限三小時到。北平居仁堂何部長勛鑒：

兩真酉行秘電均悉。渙密。高橋交來覺書，切不可以書
面答覆，應拒絕之。

中正。○○。元午秘蓉。

002-020200-00025-032

■ 1935 年 6 月 13 日

蔣中正電何應欽據蕭叔萱電稱日參部言非武裝地帶一節並無此意等語

萬急。限二小時到。北平居仁堂何部長：

3251 接蕭叔宣真電稱日參部言非武裝地帶一節，並無此意。至中央軍撤退，亦僅限於此次責任者之部隊，將來情勢改善時，他部中央軍仍可進駐等語，希參考。

中正。元酉機蓉。

002-020200-00025-034

■ 1935 年 6 月 13 日

黃郛電楊永泰查事態至此再叫我去不啻驅我入穴近日介公必亦焦慮萬狀不願以個人進退再勞其神

24 6 14

上海

2886 特急。成都楊秘書長暢卿兄勛鑒：

康密。昨接汪院長侵電稱：「兄辭呈已由府交院，因遵尊囑擱起，連日敬之兄電懇中央促駕回平，中央同人亦同此心理，當此艱危之際，明知不情之請，亦不得不為將伯之呼，盼望早日贊成，共籌挽救。若吾兄尚爾高蹈，何能更望餘人？掬誠籲請，惟垂察之」等語。當復以「拳拳之意，使弟感愧交併。弟縱不肖，臨難不敢苟

免，奮身於前，豈又惜身於後？兩年來值多難之邦，臨無止之境，委曲求全，原欲防患未然，無乃心長力短，不補毫末，每一回思，不勝痛疚。此中經過，非公孰能知之？孰能諒之？求去之意，面陳、電陳至再至三，未蒙快諾，上月返滬，不得已專人賫呈赴國府懇辭，卻而復上批交院議，而北平交涉適起，晗有壬兄曾託轉陳個人去志已決，惟若中央認為時機不適，未便批准，稍擱則可，批留則必再辭耳。並謂值茲緊迫時期，即蒙批准，亦決不自逸，仍當奮我最後之力，助中央以渡此艱危。邇來與京、蓉、平、津各方函電往返，獻替商榷，絕不敢以業經辭職置身事外。不料星星之火未能即熄，如郛才不足以彌患，識不足以安危，誠不足已息疑，進既無裨大局，退亦不關視聽，決不堪再肩重荷。伏懇早予准辭，以免申〔深〕增罪戾。公愛我有素，幸曲加垂鑒，無任感禱之至等語。查事態至此，再叫我去，不啻驅我入穴，等於專制時代賜巾令自縊，未免太不近情。徒以近日介公必亦焦慮萬狀，不願以個人進退之私再勞其神，故特轉兄參考，乞相機進言為幸。

弟郛。元戌滬印。

002-080103-00021-078

■ 1935 年 6 月 14 日

何應欽電汪兆銘等日方承諾同意更改覺書內容惟我方必須簽署以留書面記載鮑文樾則答覆日方待何回平後再行決定

24 年 6 月 14 日

自湯山發（有線）

號次：1806

特急。南京鐵道部一號官舍院長汪、成都委員長蔣：

頃據鮑文越〔樾〕、朱式勤元電稱：「澔密。職今晨九時晤高橋，關於覺書一事特別深刻追求。據稱，梅津意志不過將此次交涉事項作為記載性質，並非作何根據及宣傳。如對文字有不當處，可由貴方隨意改正，並謂署名亦可加梅津字樣。職答該項事件當經磯谷、酒井及貴官晉謁部長時，完全以口頭面述希望中國方面自動處理，此次事件並非懸案性質，刬日已完全解決，電稟中矣。至附帶條件內如關中國內政，絕非部長權力所能及，實難負責，故用覺書表示似無必要。而高橋又云：總望有此記載為佳，並達到梅津切望，能否鮑主任代理負責？職答當時鮑主任並未在坐，關於附帶條件予亦未得聞及，故恐難以表負責，切望貴方勿再深刻追求。高橋云：如是，只得俟何部長返平再談。並問何時返平。職答事畢即返」等語，謹聞。

職應欽。寒未秘印。

002-090200-00020-165

■ 1935 年 6 月 14 日

商震電蔣中正華北此後交涉之善後河北省主席人選尤關重要最好由軍政部長何應欽乞轉促何部長北上華北糾紛早告解決不勝迫切

天津

2360

特急。成都蔣委員長鈞鑒：

〇。連日與土肥原及其他日方負責人員接洽，得悉彼方較可靠之企圖。對於平津問題，只我方所承諾者皆能履行，似即可告一段落。至榆關所到之兵車及由古北口開至密雲之部隊車，其預定計畫皆所以監視我方之履行者。今之所急須解決者，厥為察哈爾問題。日方初意欲藉口我侮辱其官員，要求罷免宋主席。今日據其表示，似此種要求已不固執，容與繼續商談，似一、二日內當可得一相當結果。至關於華北此後交涉之善後，河北省主席之人選尤關重要。就現實環境著想，震以為最好由何部長兼代。第一、河北環境複雜，非若何部長之德高望重，必不足以震懾。第二、日人方面無論軍人或外交界，對何部長極表崇仰。又因此次交涉係何部長負責辦理，咸盼其重回華北兼轄軍政，以便促條件之履行。第三、華北局面經此次事變後恐非昔比，何部長如不速回，則中央將來再欲派員北來坐鎮，亦恐不免發生滯礙。且何部長如不北來，人將疑中央有意放棄華北；如此，則不唯人心動搖，日人勢將更加生心矣。區區之愚，

難安緘默，如蒙採納，敬乞轉促何部長即日北上，華北
糾紛早告解決，不勝迫切待命之至。

商震叩。寒亥秘。

002-080103-00021-088-002a~003a

■ 1935 年 6 月 15 日

何應欽電蔣中正擬復高橋坦對其覺書我方無法以書面答覆

24 6 15

南京

1824

成都。委員長蔣：

○密。據鮑文越〔樾〕元酉電稱：「高橋本日午後五時
至分會與職會見，仍提出書面簽字之件，文字與前向鈞
座提出者無異，但改覺書為備忘錄，由高橋代表梅津，
要求職代表鈞座，分別簽字。其所持理由仍與前向鈞座
言者相同，職當答以茲事體大，本人無此權限，最好候
何部長返平再行處理。高橋意頗堅持，經反覆策說，最
後高橋謂既不能代為簽字，但為時間關係，請向何部長
轉達請示云云。如何之處？乞鑒核示」□等語。本日國
防會議開臨時會，請將此事提出報告，討論結果，決議
以「此事始終口頭交涉，且酒井參謀長、高橋武官一再
聲明由中國自動辦理，現中國均已自動辦理，且必能如
期辦妥，是日方意見已完全達到，實無文字規定之必

要。我方難以照辦，應請日方原諒」等語，擬電鮑主任
請其照此意斟酌措辭，答覆高橋。謹電乞示。

職應欽。刪戌印

002-020200-00025-041

■ 1935 年 6 月 15 日
楊永泰電黃郛已代陳介公介公並無強兄即返華北任職之意惟目前事態急變必須急謀告一段落

譯發

廿四年六月十五日擬稿十五日

下午九時核發

特急。上海祁齊路一七零弄二號黃委員長膺白兄勛鑒：
元滬戌電敬悉。1660 密。經已代陳介公，介公並無強
兄即返華北任事之意。惟目前事態急變至此，必須急謀
告一段落，以免更為難堪，尤須整個籌策，根據正月在
京所定之四原則切實進行，以期改善兩方之關係。此中
運用途徑及進行步驟，尚盼兄多方努力，共圖挽救。卓
見所及，尤冀隨時電示。

弟楊永泰叩。刪亥蓉印。

002-080103-00021-079

■ 1935 年 6 月 17 日

閻錫山電蔣中正主張華北省市直接中央者可免日後困難

24 6 17

陽曲

2091

急。成都蔣委員長：

〇密。銑申秘蓉電奉悉。國事至此，誠為焦慮。惟已過交涉大致告一段落，聞中央對華北有主張仍設總政權者，有主張各省市直接中央者。山徵往驗來，各省市直接中央可以減少以後困難，請鈞座裁奪。

閻錫山叩。篠印。

譯發

廿四年六月廿一日下午二時核發

特急。太原閻主任百川兄勛鑒：

篠電敬悉。〇密。所見甚佩，弟意亦以為軍、政兩會擬即待時撤銷，使一切簡單化也。

弟中正叩。馬未秘蓉。

002-080103-00003-004-133a~134a

■ 1935 年 6 月 17 日

何應欽電蔣中正稱覺書問題日內可商得辦法至對日根本問題仍須力矯過去內部步趨不一致之弊並按既定政策認真實施等

24 6 17

南京（有線）

1939

特急。成都委員長蔣：

諫戌秘蓉電奉悉。倪密。日前叔魯兄在滬晤影佐，昨日喜多來見職，對覺書事均曾略為談及。現察日方之意，對於覺書第二項可撤銷，但我仍持不用書面答覆。有壬兄今日赴滬訪磯谷，此事日內渠可商得結束辦法也。至對日根本問題，職到京後曾開國防會議一次，日昨行政院各部長又作一集議，雖尚未有具體之決定，僉主仍照本年一月所定政策實行，惟須力矯過去內部步趨不一致之弊，並按既定政策認真實施。對於國內各種小組織及恐怖團體，同志間尤多責言。蓋此類組織於國內政治施設頗多妨礙，對外更易惹日人之口實也。汪先生云：本週內擬再約集在京各負責同志切商，如何？再陳。

職應欽。篠巳秘印。

002-080103-00024-003-008a-009a

■ 1935 年 6 月 17 日

蔣中正電汪兆銘河北省政府主席此時惟有以何應欽承乏為宜先回保定就職

限即到。南京鐵道部官舍。汪院長尊鑒：
○。河北主席此時惟有敬之兄承乏為宜，否則敬之如不北返，則華北與國家事以後更無了局。如其即時直接回平，則必為日方繼續環繞糾纏，痛苦更無止境無已。只有以河北主席名義先回保定就職，而將軍分會事務逐漸移保辦理，一俟數月之後局勢稍穩，再覓妥人替代，或屆時再將軍分會取消，如此方能解除苦痛。故弟意決任敬兄兼領河北主席，乃為黨國一線之光也。何如？請與諸同志詳商速決。

弟中正叩。○○。洽未機蓉。

002-020200-00025-042

■ 1935 年 6 月 17 日

何應欽電復蔣中正職為藍衣社幹事長此時萬不能回平尤不能任河北省主席

24 6 18
南京（有線）
1953 特急。成都委員長蔣：
洽未機蓉電奉悉。倪密。鈞座統籌全局，以忠義相勉，責能不感奮？惟竊查前歲長城戰起，職適養疴滬上，因

見平、津危急，鈞座因種種關係不能駐平主持，只得帶病北上以代鈞座負責。但在此兩年之中，不過代分會保管印信，迭次忍辱、含羞痛苦不堪言狀，所以未敢言辭者，原冀匪患能迅速澈底肅清，中日關係有根本之改善辦法，俾國家能有自強之機會。今之情形，二者均尚無若何希望，而日人逼迫日急一日，國內猶復有火併之情勢，北方事務實非職智力所能應付。且前得日人密件，謂職為藍衣社幹事長，代鈞座在華北為擾亂日、滿之策動者，今若又以冀省府主席名義在北方主持，職既艱於應付，且日方有此可以脅迫之負責者，則如今次河北問題即相繼而來，毫無轉旋之餘地，對於黨國實無益而有害，故職此時實萬不能回平，尤不能任河北主席職。前電所陳，此時主持北方之人宜擇一對內可以信託，而對日方又能肆應裕如者充任，庶能緩和改善中日關係，而又不為日方利用作怪，實為目前要圖。鈞座知職，必能洞察愚忱，加以原宥也。

職應欽。篠亥秘印。

批示：

□覆：兄北返主冀徒增兄之痛苦，且亦未必確有把握。中固深感同情，弟為姑盡人事，使華北糾紛暫謀結束，再圖整個改善中、日之關係計，舍兄而外實無可勝艱鉅之人。此事不宜久懸，即請兄暫行兼任，然後從長再議，如何？

己復。六·十九。

■ 1935 年 6 月 18 日

黃郛電蔣中正連日與汪兆銘等會商宋哲元去職由秦德純代理政整會職務明令王克敏代理天津市長仍由商震兼代

24 6 18 南京

2010

特急。蔣委員長勛鑒：

洽申電敬悉。○密。連日與汪先生、敬之兄等會商，結果：（1）宋明軒去職，由民廳秦德純代理。（2）政整會職務因兄不能視事，明令王叔魯代理。（3）天津市長仍由啟予代理。華北事件在目前亦祇能做到此，當可告一段落。嗣後如何打開僵局，非弟躬臨與各方切實面商，恐難有妥當辦法。兄因環境關係，在京未便久留，擬今夜赴滬，知注附聞。

郛叩。巧未京印。

002-080103-00021-015-002a

■ 1935 年 6 月 18 日

何應欽電蔣中正河北問題擬定原則二項一政整會軍分會取消河北省會移北平二河北省政府須澈底改革于學忠所用之委員廳長秘書長必須解職

24 6 19

南京

2054 成都委員長蔣：

〇密。極秘。關於河北問題，頃與汪院長暨膺白、楚傖諸先生詳商，根據北方環境並審酌整個局勢，擬定原則二項：（1）政整會、軍分會取消，河北省會移北平，至北平市則改為普通市，直隸河北省府。（2）河北省府須澈底改組，孝侯所用之委員、廳長、秘書長必須解職，所有委員、廳長等應由主席負責推薦，予主席以全權。至於河北省府主席人選，如用軍人則以商啟予為最相宜，文人則尚無適當之人，天津市長可調袁文欽充任，北平普通市長似可以余晉龢充任。鈞意如何？尚乞示復。

職應欽。巧亥秘印。

002-080103-00021-081-002a

■ 1935 年 6 月 19 日

陳韜電蔣中正日軍交待部隊全部回國及集中山海關日軍無入關模樣及板垣征四郎答奉天英領事有關華北局勢等文電日報表等三則

來電號次：2927

姓名或機關：陳韜

地址：天津

來電日期：皓

來文摘要：

日軍交代部隊已於巧、皓兩日全部登輪回國；集中山海關日軍於今日止，並無入關模樣。又，奉天英領事巧日要求現關東軍領袖質問今後華北局勢及戰區是否擴大與華北新組織；板垣副長代答如下：一、祇監視是否履行條件，無他意。二、不擴大。三、是華人自己問題，日方不參預。謹聞。

處理辦法：

存。

002-080200-00454-034

■ 1935 年 6 月 19 日

蔣中正電宋哲元昨日已改委秦德純接替察哈爾省主席而兄軍職仍在

有線。

急。張家口宋主席勛鑒：

〇。刻接京電，以時間迫促，昨日已改委紹文兄接替察省主席，而仙閣兄今晨飛漢，已不及與之面商。此後辦法，竊以紹文與兄本無彼此之分，且兄之政事雖卸，而軍職仍在，正可專整軍事，以為他日報國之地。尚望含羞忍辱，猶須慎重。待事一俟處置完妥，人心安定，切盼來川一會，面詳種切是荷。

中正照。皓午機蓉。

002-020200-00025-045

■ 1935 年 6 月 20 日

蔣中正電復何應欽冀省府一月三遷殊不雅觀最好與察省府同時解決又軍政兩會同時取消亦須經過相當時日

譯發

廿四年六月廿日下午五時核發限即到。

南京何部長敬之兄勛鑒：

巧亥秘電悉。0242 密。冀省府一月三遷殊不雅觀，且事實似亦不便，最好與察省府同時解決發表；軍、政

兩會即使取消，亦須經過相當時日，勿使與此次事牽
連也。

中正。號酉秘蓉。

■ 1935 年 6 月 21 日

**何應欽電蔣中正河北省政府主席須即日決定不
能再遲如商震不適宜請另提其他文人**

24 6 21

南京即到。成都委員長蔣：

號酉秘蓉電奉悉。○密。極秘。鈞慮自極妥密，惟河北
省府主席須即日決定發表，萬不能再遲。如商啟予不適
宜，應請妥籌另提其他文人。蓋我若再遲遲不決，萬一
日方竟提出人選要求，政府任命將何以應付？或者反動
派慫恿河北人自行組織所謂自治政府，日人於中幫助操
縱，兩者均極危險。汪先生等亦有同樣顧慮，務乞鈞裁
速決示復。

職應欽。馬巳秘印。

■ 1935 年 6 月 21 日

蔣中正電何應欽華北實已滅亡日方如再有要求書面答覆之妄舉更應堅決拒絕不遺點滴墨跡於對方之手

24 年 6 月 21 日譯發

24 年 10 月 2 日抄送

南京。何部長勛鑒：

〇。近日對方情勢如何？冀于既去，察宋又撤，黨部取消，軍隊南移，華北實已等於滅亡。此後對日再無遷就之必要，祇待其華北偽國之出現，則彼亦別無他技可施，其實此乃時間遲早之問題，而遷就與否實無關係。故對方如再有要求書面答覆之妄舉，更應堅決拒絕。察事未起，則尚有維持殘局之必要，故不惜主張兄委曲求全，隱忍北返，勉任冀府主席。今察亦不保，既無求全之望，復何用其委曲之致？中以為此後無復用其徘徊與顧瞻矣。吾人以國力未充之故，不得不撤兵喪權，失地忍辱。此在革命時代實無所謂，即天下後世亦能深諒，惟所求者乃在始終保持獨立民族之人格。祇要不遺點滴墨跡於對方之手，即使國亡種滅，亦可安心瞑目。務相期以神明無疚，盡其愚忠，誓報黨國而已。請以此意切商汪先生與諸同志，以為今後吾人對日之方鍼，未知兄意如何？尚盼詳復。

中正。馬午機蓉。

002-080200-00231-150

■ 1935 年 6 月 21 日

吳鐵城函楊永泰解釋與殷同素不相識如何轉知
其呈蔣中正有關日本對中國問題意見紛歧報告

暢卿我兄勛鑒：

前晤膺白先生承告，華北日本軍人初以殷同回國詳電報告蔣委員長謂，日本國內對中國問題意見紛歧，軍部與外務省尤不一致，認為造謠誣衊挑撥，頗為憤懣，致激成此次對華態度。昨復晤膺白先生，又承告關於日方藉口殷同報告之事，曾電平津向日方解釋，並查詢究竟去後。茲據北平袁市長文酉電略謂「經詢據日本高橋武官聲稱殷同報告黃先生及與其他要人談話要旨，係由上海吳市長據以轉報蔣委員長，為日方探得」等語。查殷同君素不相識，此次回國又未晤見，其報告膺白先生及與其他要人談話內容如何，不得而知，何從根據轉報？再遍查市府本月來所發情報，亦均無片語涉及日方藉口之各項傳述。茲將袁市長文酉電文及敝處致膺白先生函稿各抄一份附呈，敬希鑒察為禱。肅此。祇頌勛綏。

附抄件二

弟吳鐵城拜啟。廿四・六・廿一。

■ 1935 年 6 月 21 日

何應欽電蔣中正稱日方代擬通告為最後讓步希望承認作一結束

24 6 21

南京（有線）

2265

成都委員長蔣：

鮑文越〔樾〕馬己電稱：「倪密。今晨高橋來見，面交代擬通告，原文如下『由軍分會何委員長達致梅津司令官之通告，六月九日由酒井參謀長所提出之約定事項，並關於實施此約定事項之附帶事項，均承諾之，並擬自動的使其實現，特此通告』等語。高橋表示此為梅津特示好感，最後讓步，希望承認，作一結束。南京有何議論及如何交涉，均作無效，一切應以此次文件為標準」等語。除面汪院長籌商應付方法外，如何之處？乞立賜示。

職應欽。箇戌秘印。

002-080103-00024-003-022a

■ 1935 年 6 月 21 日

汪兆銘電蔣中正河北省主席何應欽始終堅辭不若另定人選萬一日方提出人選拒之則必生糾紛

24 6 21

南京（有線）

2181

急。成都蔣委員長賜鑒：

號申秘蓉電敬悉。溆密。藎籌至佩，惟河北主席敬之兄始終堅辭，意態決絕，如無法令其擔任，不若另定人選。蓋如此遷延下去，萬一日方向我提出人選，其時拒之則必生糾紛；聽之，則主權喪失，進退維谷矣。且人選一日不定，則四出運動者必日多一日，內部變化亦緣之而滋甚，更防與外力勾結，醜態百出，尤不可不防微杜漸，尚祈注意為荷。

弟兆銘。馬印。

002-080103-00021-085-002a

■ 1935 年 6 月 22 日

蔣中正電何應欽河北省政府主席如兄不就中無一定成見如調商震主冀則調袁良為津市長兼警備司令而以王克敏任北平市長

譯發

廿四年六月廿二日下午三時核發

限即到。南京鬥雞閘何部長勛鑒：

馬巳秘電悉。0757 密。冀主席問題，兄如不就，中無一定成見；兄若就，現在平、津人選而論，如調啟予主冀，則調袁文欽為津市長兼警備司令，而以王叔魯任北平市長，此乃中一時之見，昨已以此意電汪院長供參考，並請其與兄及膺白兄討論裁決發表矣。

中正。養申秘蓉。

002-080103-00021-087

■ 1935 年 6 月 22 日

楊杰熊斌電蔣中正據劉田甫電稱關東軍對察哈爾事件提出警告動機與日本避免就此進行外交交涉理由等及蔣中正復電為何遲延此函並應改善情報速度

24 6 22

南京（有線）

2427

特急。成都委員長蔣鈞鑒：

成密。據駐日武官劉甦甫報告稱：「本月五日，外務省東亞局某日友之密談如下：（1）關東軍提出警告之動機：（其一）酒井參謀長為部內之頑固派，對於中國軍事首領不表好感，常欲打倒以去日本後患，但此非日本陸軍全體之論調。若外務省更不以援助為有利，酒井氏不久更調，故其議論當可終結。（其二）關東軍常以于主席為其眼中瘤，在去年冬季已有排斥于氏之聲，此次暗殺親日系之新聞社長，又觸關東軍之怒。（其三）此次殷氏在東京集會，對於日軍部有斷片之譏評，關東軍為之誤解。有此三因，遂有此次警告之提出。（2）日本甚望中國政府免于氏職，令黃郛氏北歸，予以實權，以期將來圓滿進行。（3）避免外交交涉之理由，日本政府恐中國方面利用日本陸軍與外務省意見之不同有所策動，故認此次事件僅違反軍事協定，而不由中央辦理，藉以避免外交交涉。

（4）日本政府判斷中國將承認日本全部之要求，此事或不至擴大。蓋蔣委員長今以全力討共，絕無餘力與日本在華北作戰。又日外務省逆料中國將使于氏移住〔往〕他區，以求此事圓滿解決。（5）關東軍亦不願發生第二上海事件，蓋依現狀發生戰事，則駐屯軍之員兵多不願戰。（6）萬一引起上海事件，日外務省預料英國必任日本處置一切，不至有所發動。斯時美國必與英國取同一之態度，外國輿論多保持靜觀態度，對於天津某新聞社長之暗殺反表同情於日本，故不至〔致〕發生反響。（7）日本確有在華北方面設立緩衝國之企圖，以何人為首領尚不定。（8）日外務省恐此次交涉遷延不決，將使其陸軍更走極端，卒致開戰，故望此事從速解決」等語，謹轉電呈。

職楊杰、熊斌叩。養貳御印。

002-080200-00232-034-002a~004a

■ 1935 年 6 月 22 日

程錫庚電外交部報告日方於白逾桓胡恩溥兩暗殺案發生後之相關動向

部、次長鈞鑒：

敬密呈者，查天津日本租界內白逾桓、胡恩溥兩暗殺案發生後，日本軍政當局迭向我方抗議，並在租界內拘捕嫌疑犯等情，業經電呈在案。

五月十一日，錫庚訪日使館陸軍武官附高橋少佐，其談

話中有「暗殺白、胡案，與藍衣社、憲兵特務隊及青、紅各幫均有祕密關係，冀省府當局知之有素，事後則佯無所聞，若不嚴加制止，恐引起事態之擴大」等語。

此項談話，曾經面向軍分會陳述。高橋武官與軍分會、政委會人員談話時，亦有同樣表示。我方以暗殺案發生於日本租界，中國無管理權。且所謂藍衣社等祕密關係，僅憑日方揣測，並無佐證，我方祇能澈底查究，總期水落石出等語答覆在案。

五月二十九日，日本駐屯軍參謀長酒井大佐、日使館陸軍武官附高橋少佐同到軍分會、政委會提口頭抗議，其所表示之日方意思可分為下列數項：（一）罷免河北省政府于主席學忠、天津市政府張市長廷諤一派；（二）罷免蔣孝先、曾擴情、丁昌等；（三）撤退五十一軍；（四）撤退第二師及第二十五師；（五）撤退憲兵三團；（六）取消河北各黨部；（七）取消藍衣社、復興社等；（八）取消政治訓練處及軍事雜誌社；（九）取消勵志社北平支社。

查河北省政府久經奉令遷保，六月初實行遷移竣事。于主席學忠並奉令調任陝甘川剿匪總司令，省政府主席另派委員兼民政廳長張厚琬代理，張市長廷諤奉令另候任用。其他各項均由軍分會秉承中央命令，分別查究並自動實行。六月九日，日使館陸軍武官附磯谷少將、日本駐屯軍參謀長酒井大佐、日使館陸軍武官附高橋少佐由津到平，面向軍分會催促實行前列各項意思，經何部長鎮靜應付，於六月十日口頭答覆日方允予實行。

日方提出上列各項後，天津日駐屯軍時有少數軍隊隨帶
武裝，前往天津、河北省政府門前作種種示威舉動，
平、津人心頗覺不安。惟十一日以日方意思，既經容
納，可以無事，人心又漸平靜。惟十二日下午，日使館
陸軍武官附高橋少佐赴軍分會謁見何部長，並提出覺
書，希望由雙方負責者共同簽署。其內容第一部與何部
長逐日所商各條大致相同，惟第二部有詞意不明之三
條，大旨如下：（一）各條約定期限內實行，以後須不
再有類似機關發生。（二）河北官吏須能滿足日方希望。
（三）日本得採取監視糾正行動。

十三日清晨，何部長以此事須請示中央，乘平漢車離平
南下，人心又見恐慌。時值日本駐屯軍瓜代之期，日新
軍陸續由北寧路開抵天津，我方深以舊有日軍未必即時
撤去為慮。長城內外，日軍集中約四萬人，並向北寧路
要求騰清一軌，專供軍運。同時又接平市公安局通知住
戶，謂十四日將有日本軍用飛機十餘架飛平偵察，結果
僅飛來一、二架，謠言紛起，人心大亂。

十四日，錫庚訪問日使館陸軍武官附高橋少佐，據云華
北問題關鍵在覺書簽署與否，至長城內外軍事準備，係
預防中國拒絕簽署時，所發生之嚴重局面，如予簽署，
即可撤退。並稱此事係奉東京參謀總長閑院宮命令辦
理，期在必行，若因此手續細故牽動大局，似不值得各
等語。

查天津反動分子在交涉吃緊時，有自號團體代表者，向
天津日本駐屯軍司令部請求成立人民自治委員會，主持

華北政務，經梅津司令拒絕，故未發現。現平、津一帶每日上午除有日本飛機一、二架飛機盤旋天空，沿平漢鐵路偵察外，尚無特殊動作，人心漸見安謐。

查張北日旅行團團員大櫬〔槻〕桂、大井久、山本、信親事件，經中、日雙方代表秦德純、土肥原、松井等在天津商討後，已有具體辦法，可望和平解決。十七早，由榆關特務機關長儀我大佐、日本駐屯軍參謀長酒井大佐、張家口軍事聯絡員松井中佐由天津乘飛機前往瀋陽轉赴長春，與關東軍當局有所協議，惟此事雖傳已解決，尚未結束。

本處謹遵部令與各方切實聯絡，除已迭經分別電呈外，理合再將經過情形彙總呈報，伏乞鑒核，敬請鈞安。

駐平特派員程錫庚謹呈。六月二十日。

《中日外交史料叢編》第三編《日軍侵犯上海與進攻華北》，

頁 261-264。

■ 1935 年 6 月 23 日

蔣中正電復商震曰何應欽兼代冀主席彼絕不肯承允北局重要已迭催其北返

譯發

廿四年六月廿三日下午八時核發

特急。天津商警備司令啟予兄勛鑒：

寒亥秘電悉。茭 5414 密。該電今日始接到，以後來電務望加急飭發，以免耽延。電陳各節所見甚是，敬之

兼代冀主席，彼絕不肯承允。顧北局重要，已迭電催
其北返矣，一切請兄苦心維持為盼。

中正。梗亥秘蓉印。

002-080103-00021-089

■ 1935 年 6 月 24 日
**陳方電楊永泰日本就察哈爾事件對秦德純蕭振
瀛提察邊駐保安隊等條件已多予承認及秦德純
辭察哈爾主席原因與宋哲元表示不願往甘肅等
地剿匪等**

24 6 24

北平

2947

楊秘書長暢公鈞鑒：

實密。芷兄呈：（1）德純、振瀛、松井、高橋、土肥
原梗晚會見，日方提：（甲）察邊不駐兵，駐保安隊；
（乙）趙師撤察境；（丙）張垣日設機場；（丁）取消
黨部；（戊）撤排日教育。我方大體承認。松井敬返張
垣，視察我方履行程度。（2）秦辭職原因，先是土肥
原到津謂宋應免職，否則進攻察省，津公安局長劉玉書
密電京報告，秦亦知情。京方據以去宋，宋部對秦因之
不滿，故秦辭。今晨，秦談若中央不准，祇好勉力，意
頗活動。（3）外傳哲元將往甘、寧、青剿匪或察蒙綏
靖主任，宋表示絕不幹。（4）謠傳魯韓辭職。（5）松

井昨電商震，謂日軍部反對漢奸活動，請捕拿。漢奸皆
散，現津存者為東亞同盟軍及華北軍政委員會與西南執
行部辦事處。（6）謠傳蘇聯企圖犯青海，接濟共匪。
（7）土肥原敬訪克敏，請簽字前此會議錄，克敏對人
談此來係看房小事，不必辦大事，請命中央。

陳方印。

002-080200-00232-090

■ 1935 年 6 月 24 日

汪兆銘電蔣中正言商震允就河北省主席且薦程 仲漁為天津市長

24 6 24

南京

2516

限即刻到。成都蔣委員長：

馬酉機蓉電敬悉。○密。奉電復即電商膺白，並與敬之
晤商，並分電啟予、文卿、叔魯徵求同意。接膺白漾復電，
謂毫無成見，但不便去電勸駕云云。接文卿漾復電，則
堅決辭津市長職，並有連平市長職亦辭卻之語。叔魯尚
無復電。惟膺白、文卿復電如此，則叔魯不就，亦在意
中。而啟予漾致敬之電，則託其轉陳允就河北主席，惟
擬移治北平，且荐程仲漁為津市長。敬之與弟商擬復電，
移平俟將來兩會收束後，再辦津市長事。文卿既不願就，
不如仍令長平，而叔魯專任代委員長。至於程仲漁雖係

東京時代同盟會員，弟已多年未見。據敬之云與啟予等
相善，對日方亦有聯絡人，尚有用。弟思河北主席久懸
不決，在在可虞，不如採納敬之意見，早日發表。如尊
意為然，擬於明日提出院議，盼即示覆為荷。

弟兆銘。敬已印。

002-020200-00025-048-003a~004a

■ 1935 年 6 月 27 日

何應欽電蔣中正行政院會議決任商震為冀省府委員兼主席程克為天津市長並於行政院臨時會議發表各廳長名單

24 6 27
南京（有線）
2739 特急。成都委員長蔣：
哂密。有日行政院會議決任商震為冀省府委員兼主席，
程克為天津市長，關於冀省府委員及各廳長人選，亦經
啟予兄開單呈院，預定明日行政院議臨時會議決定發
表，其名單如下：（1）民政廳李培基；（2）財政廳李
竟容；（3）建設廳長呂咸；（4）教育廳何基鴻；（5）
委員張蔭梧、南桂馨、劉逸南、梁子青；（6）秘書長
劉燧昌。謹聞。

職應欽。感已秘印。

002-080103-00021-016-002a

■ 1935 年 6 月 27 日

侯成電蔣中正據傳白堅武擬於北平暴動現無北平仍無可疑跡象及土肥原賢二秦德純已簽訂協定決定察省事件等情

24 年 6 月 27 日

自北平發

號次：2821

特急。成都。委員長蔣鈞鑒：

〇密。（1）昨傳白堅武等擬於夜間在平暴動，並無可疑之形跡，夜間亦平安度過。（2）察省外本日午前已和平解決，其主要內容為由秦德純以私函致土肥原，允辦所提事件，惟憲兵、藍衣社及黨部之撤銷未現之明文，其餘概按日方所措者，無大出入。（3）軍政部在平之特務團部隊已奉部長何電令，務於月底調回南京，現正籌備車輛中。（4）日飛機三架昨到南苑飛行場停留，有占用意，並擬派衛兵保護，經交涉結果允緩派衛兵，但仍在自由架設電話線。謹聞。

職侯成叩。感午印。

002-090200-00020-134

■ 1935 年 6 月 28 日

北平軍分會電蔣中正報告白堅武等以某方協助密謀武裝奪取平津

24 6 28

北平

2947

急。成都委員長蔣鈞鑒：

〇密。茲據密報：（1）白建〔堅〕武之第一集團軍分七路，每路設總指揮，一路轄兩軍，軍轄兩、三師，每師兩旅，每旅兩團。（2）第一路總指揮張喜麟之第二軍軍長孫伯良先來北平，勾結匪徒，賄買軍隊。（3）俟各路軍齊集北平四郊，乘夜暗舉，城內暴動，更易旗幟。（4）破壞長辛店鐵道、南口鐵道，以阻絕平漢線之增援及平漢線之交通。（5）暴動成功之翌晨，以某國飛機十餘架威脅改換五色旗，迎送總裁白建〔堅〕武入城。（6）偵聞七月五日以前各路軍可齊集平郊舉事。（7）待平、津奪取後，某方即接濟現款六百萬元、槍十萬枝等情。謹聞。

北平軍委分會令。總勘印。

002-090200-00016-224

■ 1935 年 6 月 29 日

何應欽電蔣中正有關商震稱晤酒井隆所談如下二省府地點仍以在平或津為宜三以後小事冀省須自主解決四唐山一帶事物不如以殷汝耕與陶尚銘對調等

24 7 1

南京（有線）

3083 特急。成都委員長蔣：

哂密。極秘。啟予卅二電略稱：「昨晤酒井，據其所談如下：（一）彼云據報，中央密令冀省、津市任用官吏，須曾在黨中盡力若干年之同志經中央銓敘者，此層殊可不必。（二）省府地點仍以在平或津為宜，如在保定，彼方為便利計，將在保設特務機關。（三）以後小事冀省須自主解決，不必事事請示中央。又謂，最好主席職權能如省長制，縣以上須行專員制，以求敏捷。（四）陶尚銘太不負責，唐山一帶事務繁重，似不如以殷汝耕與陶對調。（五）仍主張天津市不駐兵，但又謂此事不急，可緩日商定，並約於震離津前再晤一次等語，請示應付方針」等語。除復第一項恐無此項密令，俟查明再復；第三項可視事件之輕重仍當祕密請示中央；第四項可商政整會外，關於冀省府地點一項鈞意如何？如以明軒為駐平主任，冀省府可否仍設天津？乞鈞裁迅示為禱。

職應欽。東酉秘印。

批示：

擬覆：所覆啟予各項均妥洽，希再電啟予告以冀省府可採合署辦公制，並可劃全省為若干行政督察區實行專員制。其中冀府地點又在保定，則日人特務機關亦必隨之而來，應仍在津或改設平，請核示或覆以冀府地點問題。津、平、保各有理由請轉囑啟予就近與吳達詮先生再詳加討論，當否併請核示。

002-080103-00021-093

■ 1935 年 7 月 1 日

戴笠電蔣中正據報駐豐臺萬福麟部鐵甲中隊被白堅武煽惑譁變及捕獲平城便衣隊供稱係受日本指使等文電日報表

來電號次：2959

姓名或機關：戴笠

地址：南京

來電日期：豔（辰）

來電摘要：

據平儉電，日偽漢奸便衣隊活動情形：（一）駐豐臺萬福麟部之鐵甲車五、六兩中隊，於儉晨一時餘被漢奸白堅武煽惑，擁一殷姓隊長為首領。（二）譁變時自稱正誼救國軍，並公推白堅武為總司令，在永定門曾有數砲對軍分會射擊，未中。（三）平城內、城郊有便衣隊三百餘人，與當地流氓共有七百餘人各同時響應，因戒

嚴交通斷絕，無法集中，故未舉事。事後捕作戰便衣隊
十餘人，搜集手榴彈、手槍等物，據供稱係受日人指使，
每日得津貼三元六角。（四）人心恐慌，上午八時前交
通斷絕，城門僅開二小時，上午電車、商店均停止營業。
擬辦：
擬存。

002-080200-00455-007

■ 1935 年 7 月 6 日

何應欽電蔣中正河北糾紛事件日必欲我書面答覆擬備一普通信送梅津美治郎

24 7 6
南京（無線）
3413
特急。成都委員長蔣：
哂密。極秘。關於河北糾紛事件，日方必欲我作正式
書面答覆，經與汪院長再三斟酌考慮，歷時三星期一
再與日方磋商，近始決定由職備一普通信，送達天津
駐屯軍司令梅津。其文曰：「逕啟者，六月九日酒井
參謀長所提各事項，均承諾之，並自主的期其遂行，
特此通知。此致梅津司令官。何應欽。二四年七月六
日」等語。原件已於今日寄平軍分會，派人送高橋轉
交梅津，此事即算告一段落，知注謹聞。

職應欽。魚未秘印。

此電另有復電，原文抄呈。中正

002-020200-00025-054

■ 1935 年 7 月 8 日

蔣中正電何應欽致梅津美治郎信如未發出請從緩即使要發亦應改正字句

限即到。南京何部長：

魚未秘電悉。○。此信如未發出，務請從緩；即使要發，亦應有字句之改正。發否盼立復。

中。○。齊申機蓉。

002-020200-00025-055

■ 1935 年 7 月 9 日

何應欽電蔣中正致梅津美治郎函已送交高橋坦鮑文樾

24 7 9

南京

3564

限即刻到。成都委員長蔣：

齊申蓉機〔機蓉〕電奉悉。○密。近以上海《新生》週刊事件，日方情勢略為嚴重，高橋對於河北問題通知書事，復一再向分會催詢，經就近與汪院長籌商，因恐夜長夢多，又生其他枝節，故於魚日將致梅津函

寄平，由鮑文越〔樾〕派員送交高橋。昨接鮑文越〔
樾〕庚十九時電稱「已派軍分會周副組長永業將通知
書送交高橋，高橋已照收，謂河北事件告一段落」等
語。謹併聞。

職應欽。青辰秘印。

002-020200-00025-056

■ 1935 年 7 月 10 日

**吳鼎昌電蔣中正冀府設保自是上著軍政二會已
無用結束最妥市長或以王克敏為宜軍會東北人
可位置於武昌行營中**

24 7 10
天津
3906 成都柁密呈委員長賜鑒：
支魚電敬悉。冀府設保，自是上著。啟予已到任，事實
情形如何，正與函商中。軍、政二會已無用，公與明
軒洽商結束最妥，屆時市長或以叔魯為宜，軍會東北
人可位置於武昌行營中，明軒能由公先密令授以行營
或中央軍會較高位置最好，但說明體諒其意，對外暫
不發表。中央政局情形，此間甚懸念，公可見示一二
否？

吳鼎昌叩，蒸。

擬覆：軍會雖亦應結束，弟尚須稍待時機，明軒名義問
題仍須詳加考慮布置，中央政局並無變更，惟汪先生患

病頗劇，不能不稍為〔微〕休養耳。

■ 1935 年 7 月 14 日

軍委會委員長行營秘書長辦公室呈冀省府遷保及改組經過等電文商震電蔣中正省府設保定較平津為優惟日方欲將省府酌移平津置諸監視之下擬就平津兩地酌設承辦外事機關

24 7 15

清苑

4003 急。成都委員長蔣：

〇密。謹將河北近事分呈如下：（一）震就職後，查視省府及各廳因初經遷移及舊日辦事情形無甚秩序，致呈凌亂之象，刻正嚴加督飭，從事整頓，藉便庶政之推行。（二）省府財政過去所虧已達六百餘萬元，廿四年度預算現正趕製，約略計之不敷之數合以應償息金，尚須增加虧空三、四百萬，此實一最難問題有待於解決者，刻已飭財廳擬具詳細報告另文呈核。（三）省府設保定較平、津兩處為優，惟日方近有表示對省府在保頗為疑慮，不謂交通不便不易遇事接洽，即謂震在保受人包圍秘開會議，足以妨礙中日提攜。揆其用意，無非欲將省府酌移平、津置諸監視之下。昨酒井隆對程市長云省府縱不即遷，亦須負責重要人員時赴平、津商洽，但如此做法為事實所不許，

而平、津方面發生交涉不克隨時處理，亦似有不宜，
因擬就平、津兩地酌設承辦外事機關，藉資應付。震
刻定明晚赴平一行，視有必要當另擬具體計畫奉陳，
謹先電聞。

商震叩。寒亥機印。

002-080103-00021-003-003a-004a

■ 1935 年 7 月 20 日
**商震電蔣中正與酒井隆晤談彼表示一省府在保
交通不便故生謠言二希速辦事不必事事請命中
央三希取締排日答以省府移平津須請示中央又
速辦事一節刻正籌備合署辦公**

24 7 23
天津
4410 成都委員長蔣鈞鑒：
皓機平電計達。美密。震於本日午前十一時半抵津下車
後，即晤酒井參謀長，據談：（一）因省府在保交通不
便，故生出種種謠言，但省府若能迅速移至平、津，則
謠言自能息〔熄〕滅。（二）今後與冀省府商辦事件又
多，如經濟合作、戰區問題等，極希望能迅速辦事，不
必事事請命中央，過去于主席之所以毫無成績者，其病
或即在此。（三）希望河北省政府有力量，能敏捷取締
排日，禁止黨部再來活動云云。震當答以：（一）省府
移平、津事須請示中央再定。（二）關於迅速辦事一

節，刻正籌備合署辦公並實行全省督察專員制度，以期
收效。（三）取締排日、抗日及禁止活動，中央迭有明
令，本人自當盡力執行等語。再昨在平晤高橋武官，渠
曾表示極願震個人聘伊為顧問，當答以容考慮再定。以
上各點究應如何處置？祈示方針為禱。

商震叩。號亥機津印。

002-080103-00021-119-002a~003a

■ 1935 年 8 月 5 日

袁良電楊永泰華北經濟日本恐將以滿鐵為大本營並攫取經濟樞紐似應早籌對策並請黃郛北上復職及楊永泰復電請努力支撐小心應付

24 8 5

北平（無線）

（水）成都。茆密。感電想荷察閱轉陳。此次余局長
以膺公囑勿勉留之故，遂決准予辭職，幸繼任之祝瑞
霖接事後輿情翕洽，地方安然，足紓注念。北方局勢
每況愈下，如最近薊密區專員陶尚銘調去，僅憑外人
一語；其實陶尚知大體，年來應付亦頗苦心，任免官
吏仰人鼻息，後將何以為繼？現津、保兩處黨部標語
一概撤除，新生活運動亦全停止，惟恐趨承之不暇，
整政會大會有恐不能應會者，擬乞外人代為運動之風
傳。似此舉措乖謬、挾外自重情形，至堪浩歎。前奉
電示，以弟去留非個人問題，尊意弟深領悟，故處勢

雖孤，未敢稍事放任，一切政務仍照常積極推行。蓋
當此緊要關頭，倘稍示消極，必招種種不利也。本市
社會一般對弟已有認識，各軍隊感情亦極聯絡，雖以
未能苟同之故，日軍人或不愜意，而使館方面則深能
諒解，故在公務上說尚足應付。惟現在覬覦市席者實
不止一人，陰謀頻傳，勢將慫恿外人反對。萬一發生
此種事實，則弟雖具報國報知遇之心，但為國家體面
計，理當犧牲個人，立即自劾乞辭，屆時務求速准，
此則不能不流涕預言，藉求委座諒解者。華北政局長
此敷衍，即不亡於外，亦恐難自存。新滿鐵總裁松岡
洋右手段剛辣，弟早識其人，此後宰制華北之經濟，
必將以滿鐵為大本營。日對華北此時雖尚不敢有領土
野心，惟其必欲攫得經濟樞紐，為將來囊括之計，已
昭然若揭。我方似應亟籌對策，未可茫無準備。此事
之應付，較之政治、軍事尤覺困難，斷非現時當局所
能周旋。為大局計，似應仍請黃委員長及早北上復
職，期圖挽救，否則北方之局將至不可收拾。弟生性
鯁直，心所謂危，難安緘默，謹紓所見，為公密陳，
以備參考，謹乞酌量代陳為感。

祥。微酉印。

002-080200-00242-094

■ 1935 年 8 月 5 日

蔣中正電何應欽北平兩機關合併仍存軍分會請從速北上主持

現即到。

南京、上海何部長勛鑒：

哂密。一、公俠當時示磯谷之原文，請用航空寄閱。二、北平兩機關與其合併，另立名目，不如取消其中之一個名義，而將取消機關之職權歸併於存在之機關為妥。中意以仍存軍分會，請兄從速北上主持。三、兩機關合併時，即發表宋明軒名義為平綏綏靖主任，王雲五暫仍其舊，未知兄意如何？

中正。微午機峨。

002-020200-00025-060

■ 1935 年 8 月 6 日

何應欽電蔣中正駐灤戰區保安隊長劉佐周被擊斃日軍部認此事重大

24 8 6

南京（無線）

5242

特急。成都峨眉委員長蔣：

哂密。鮑文樾連電報告：（1）據唐山殷汝耕支電報告「支日三次車到灤縣車站時，有駐灤縣戰區保安第二

總隊長劉佐周率隨員數人下車，行至站西端欲登所備汽車之際，為暴徒狙擊，劉總隊長及隨員一人及駐灤日憲兵一人均受重傷（劉旋即身死）等情，已電商主席先行派員調查真相」等語。（2）此事發生後，駐津日記者發出致各地電報，大意謂「此事發生有政治陰謀，此案犯人計被灤州公安局逮捕三人，一名逃走。經調查之後，斷定為藍衣社員殘黨所為，並與被免職之陶尚銘有聯絡，日軍部認此事頗為重大，決出斷然之問題，預策〔測〕或將如第二天津事件，將使擴大」等語。（3）新聞界息，支晨灤縣戒嚴，晚八時榆關日憲兵車一列載日兵馳往灤縣協助。（4）陶尚銘因劉案經日憲兵隊邀往談話未歸，旋派車回宅取行里〔李〕等情。除電復應飭商主席及殷專員從速派員調查真相，並由冀省府懸賞緝兇，其第二總隊長職務由冀省府令派該隊副總隊長李鳳代理外，謹聞。

職應欽。魚未秘印。

002-020200-00025-062-003a~004a

■ 1935 年 8 月 6 日

何應欽電蔣中正日本認為軍委會北平分會為張學良機關應變更其組織人員等及蔣中正復電請預籌容納東北人員辦法及予宋哲元北平衛戍司令名義

24 8 6

上海

135

峨嵋委員長蔣：

微午機峨電奉悉。〇密。極密。日人認分會為漢卿之機關，其組織人員不變更，職實無法再去，去亦無法應付內外環境也。鈞電謂發表宋明軒名義為平綏綏靖主任，「平綏」二字是否電碼譯誤，乞飭查示。

職何應欽。魚午秘印。

發電號次：A214

24 年 8 月 9 日譯發

24 年 11 月 26 日抄送

南京、上海。何部長：

魚午電悉。分會改組事，當再磋商較妥辦法。但對於東北人員應另設法容納，未知兄有否此法？請預籌之。明軒名義，平綏或較北平為宜。如果王廷午另與位置，則明軒北平綏靖主任則不如北平衛戍司令名義為妥，以對內、對外皆可應付。

中正。佳機峨。

002-080200-00243-091

■ 1935 年 8 月 6 日

北平軍分會電蔣中正等天津日駐屯軍參謀長酒井隆決議嗣後對於華北採取經濟侵略主義並以股匪擾亂戰區然後藉詞進兵以便要求日在華北經濟上各種權利等情報

武昌委員長行營、南京軍委會、行政院、參謀本部：
（密）據北平憲兵司令報告情報如下：（一）天津日駐屯軍參謀長酒井隆前曾飛往長春與關東軍召開之北滿及華北軍事對策會議後，業於前日返津，當即在其軍部召集全體祕密會議，聞其內容係嗣後對於華北採取經濟侵略主義，並以股匪擾亂戰區，然後藉詞進兵，以便要求日在華北經濟上各種權利。（二）酒井隆氏並於二十三日晚十時，在其私邸召集石友三、王相臣、劉桂棠等會議，內容令石等速將戰區及熱河各地匪部集中興隆山，以便首先攻取察省，並派日人數名分隨各匪部辦理外交，以免與日、滿軍隊發生誤會。該匪部所用軍旗、臂章業經製成數萬份分發應用。（三）日、偽軍祕密協助多倫、沽源之匪乘機進攻察東，聞由偽滿借妥飛機二十架及彈藥若干。（四）聞酒井隆與該部顧問武田南陽祕談，對於華北戰略如下：（1）首先攻取察省，次攻取戰區。（2）日軍假剿匪為名，掩護匪部占取平、津。俟平、津占領後，河南某部軍隊即可與大名一帶會匪聯合攻取河南。至山東及山西兩省，則由日方警告取保境自衛態度，不准干涉，並與西南派聯合一致，推翻黨國

政府，以上計畫均由日顧問武田指揮。（五）北平日兵
營透出消息，現接軍部消息，因日、俄情勢緊張之際，
偽國應竭力擴充軍備，鞏固國防，所有陸軍及警察均須
補充足額，並擬在平津地方招募華人入伍，其應募之限
制計分為下列三點：（1）純為滿洲籍者。（2）對日忠
實人介紹或保薦者。（3）曾受過軍隊教育者。具有以
上三點方為合格，一俟正式命令到達，即開始招募等
情。謹聞。

北平軍委分會。魚令總印。

《中日外交史料叢編》第三編《日軍侵犯上海與進攻華北》，

頁 264-265。

■ 1935 年 8 月 19 日

商震電蔣中正關於灤案酒井隆云希望擾亂華北分子不再滋事則始可安定職主運用早結束等情

24 8 20

北平

6111

特急。南京、成都委員長蔣鈞鑒：

荶密。極密。（1）關於灤案，前日曾晤酒井，據云「緝
兇獲否僅為表面問題，無甚重要，其最要者惟希望我方
能實行六月廿日與何部長商定關於擾亂華北分子不再前
來滋事，則華北始可安定」等語。察彼方對於此案刻下
似尚未決具體辦法，震當竭力運用，以期早日結束。

（2）日本新任駐屯軍司令官多田駿本早抵津，業於午後晤談，察其態度尚屬和平，並謂「以後當促進兩國邦交，使愈趨親睦」等語，謹併電聞。

商震叩。效亥機印。

002-080200-00246-014-002a

■ 1935 年 8 月 21 日

北平軍分會電蔣中正等關東軍為謀偽滿與華北之緊密欲置駐屯軍於關東軍指導之下此次多田以少將任方面軍司令官實為例外等情報

武昌委員長行營、南京軍委會、行政院、參謀本部：
（密）。綜合情報如下：（一）前偽軍政部顧問多田少將，現被任為華北天津日軍司令官。按：關東軍為謀偽滿與華北之緊密，並欲置駐屯軍於關東軍指導之下，此次多田以少將任方面軍司令官，實為例外。多田就任後，其新發設施大可注意，徵之梅津最近談話中，有「華北局面殆如大雨欲來風滿樓，空中暗雲猶未去」一語，益可窺其陰謀未已。（二）日本大亞細亞協會幹事中谷武世於六月下旬視察華北，據謂：「中國再建之方向厥為聯省自治，中日關係乃日本與國民政府，乃至於國民黨之關係，故國民黨不清算，中日癥結不能解消，中日親善亦不可能。至華北問題，並不因冀察事件解決而解決，問題寧自冀察問題解決後始，為期當此九月（即所謂九月問題）」，中谷此言因其四周關係確與軍

方密切，頗堪重視。中谷此次北來目的，蓋欲自文化設施上驅逐歐美、蘇俄勢力，自思想上泯滅我國家觀念。

（三）梅津司令官於八月六日赴塘沽檢閱日守備隊，並臨別訓話，略謂林陸相此次更動駐中國各員，用意極深，我國對華進行事件雖順利，但未達到最終目的。

（四）日軍由古北口撤回熱河部隊，現仍集中承德、灤平，並未向各縣開拔，似有待機模樣。（五）日軍第九師團已於上月全部開到東北，分駐長春、瀋陽、遼陽、海城一帶。師團司令部設於遼陽，查該師團原定任務為接替熱河防務（冀察事件前消息），乃現復屯駐南滿沿線，似非控制對俄起見。（六）長城各土匪均經日方收編為熱河警備隊，以石友三統帶開至黑河（原屬沽源縣境）一帶，預為將來占據察省之用。（七）駐興隆縣太后陵之偽軍第二營第四連，突於八月七日夜譁變，逕由長城口券門往邊北西火道一帶逃竄。等情。謹聞。

北平軍委分會。簡令總印。

《中日外交史料叢編》第三編《日軍侵犯上海與進攻華北》，

頁 265-266。

■ 1935 年 8 月 24 日

商震等電蔣中正已飭殷汝耕祕密審訊灤州保安隊劉佐周被刺事件刺劉之嫌疑犯李振華等文電日報表等三則

來電號次：6316
姓名或機關：商震
地址：北平
來電日期：敬（西二機）
來電摘要：

呂廳長梗晚抵平，轉述鈞旨，關於省會不可移動以及慎重關鹽兩稅事項，暨注重教育編組保甲諸端，自當切實遵照，其餘事項並當斟酌情形妥慎辦理。再，省府平津兩辦事處，業已分別設立，開始辦公，惟因免除彼方吹求起見，僅處長名義，尚未正式發表。

擬辦：
擬併覆悉
批示：
悉

002-080200-00457-037

■ 1935 年 8 月 27 日

楊杰電蔣中正據方世洪密報駐天津日軍決定與關東軍共同排擊南京政府在華北活動及商定製造華北傀儡政權藉口等日偽情報

字第 104 號

成都委員長蔣鈞鑒：

據方世洪密報：（一）此次多田駿經由東北來津，已決定關東軍與駐津日軍採取完全聯絡。其所談商者，仍為「對於南京政府之華北繼續所行反日行動及二重政策斷然予以排擊，確保治安、遵守停戰協定」等項。除由南次郎與多田獲得意見一致外，又為製造華北傀儡、商定藉口題目，指為「近因河北省為中心之華北五省提攜，致使內蒙之赤化勢力不得已而減退。而蘇俄完全赤化外蒙與新疆，以及湖北、安徽為目標，赤化全中國領土之傾向已趨明瞭化。關於此種逐漸赤化中國領土問題，日方以當此中、日、『滿』關係正常化之際，意義極為重大。日方為謀阻止政策，即將進軍華北，而樹立一新政權，以便共同保持華北領土」為理由。（二）日方對於最近我方之廬山會議及南京會議極為注意，據天津日駐屯軍司令部內日人宣稱：「南京政府對日絕無誠意，日本此後絕不再上當，除非行之於事實，即先承認『滿州〔洲〕國』」等語。現偵察日方之用意，似於本年內令我承認「滿州〔洲〕國」。又日方以宋哲元在華北實力雄厚，舉足輕重，極力向宋氏拉攏；至於對商震則詆其

圓滑過甚，八方討好，心勞日拙，未免可憐。（三）華
北農村救濟會由日方之資助，刻仍由高凌霨等負責籌備
中。（四）據長春偽宮侍衛某抵津談稱：「鄭孝胥及一
般喪心病狂之漢奸分子慫恿關東軍南大將擴大灤州事
件，即由彼輩入關主持，另換新組織，以樹東亞之大
計。」聞南次郎已允待考慮，如認有實現華北新組織之
必要時，即助彼等重要之任務等語，特電呈。

職楊杰叩。感書印。

中華民國二十四年八月廿七日發

002-080200-00247-009-002a~006a

■ 1935 年 8 月 28 日

汪兆銘電蔣中正言王克敏對取消政整會事無異議及擬定安置辦法

號次：258

姓名或機關名：汪兆銘

來處：南京

宥電

8 月 28 日到

摘要：

叔魯先生對取消政整會事無異議，惟提出三點：（一）
二十九日之會已經延期。此為例會，毫無內容，各方亦
無若何提案。（二）明日趕回北平，該項命令請於卅日
發表，卅一日即可結束。（三）代理內政部長萬不可行，

因政整會取消後，一人先得位置，無以對用事云云。弟
與敬之兄商，叔魯對第三點最為堅持，亦具理由擬辦法
如下：（一）王樹瀚、劉哲等均由軍分會聘為參議，叔
魯如肯俯就，亦可暫用位置。（二）其餘各職員均給九
月薪俸，並分別安插。以上當否？乞復。

限即刻到。南京汪院長尊鑒：

宥電敬悉。哈密。弟極贊同，請即照辦為盼。

弟中正叩。〇。儉辰機峨。

002-020200-00025-064

■ 1935 年 10 月 3 日

**何應欽電蔣中正日軍非正式表明中國在野軍閥
政客假借與日軍聯絡諒解在華北停戰區活動之
事與日軍無關並擬嚴加取締**

24 10 3

南京

9242

成都委員長蔣：

渤密。本日日本電通社發一稿，文曰：「中國在野軍
閥、政客近似在河北自治等名義下，偽作與日軍有聯絡
或成立諒解之狀，而向停戰區域內及平津地方開始活
動。關於此事，華北日駐軍當局特於本日非正式表明日
軍態度如左：此事與日軍毫無關係，自不待言。日方以
其本屬華方內部問題，故未便加以干涉，惟若依是而至

紊亂平、津治安，並累及日本僑民，則斷難默爾而息。
又關於彼等佯稱與日軍部有關係一節，實屬斷難寬恕之
舉，故為維持軍譽計，不得不嚴加取締也」等語。

職應欽。江未秘印。

002-080200-00253-097-002a

■ 1935 年 10 月 6 日
蔣中正電何應欽請赴北平以消弭日人利誘華北各將領之狡謀

急。南京何部長勛鑒：
支、未申各電均悉。○。此時挽救華北危局，全在吾
兄一人之轉移。以中預料，此時日必不要有偽組織，
只要華北經濟、財政與中央斷絕，以制中央死命。其
對華各將領之所能動者，亦惟以此利誘之一途。而華
北將領只要對中央保全統一面子，而截留一切稅收，
則亦樂得為之，此勢所必然。然所可救者，乃在內外
皆無組織偽政權之必要與此中心。故兄此時能突然飛
平，則其利誘之狡謀不難消弭於無形，此非特救中國，
而且救我將領也。如果日以為非此不可，必不得已
時，則兄不過白去一趟，即回南京，再無其他不了與
危險之事。若必能得日之諒解，而後回平，則待至華
北淪亡，亦絕無諒解之日。況日亦只用我求其諒解之
弱點，阻我回平，彼乃可為所欲為，乘機以謀危我華
北。如此，則前之補提書面答覆不僅毫無意義而已，

後世亦必曰華北之亡，非日人亡之，亦非華北將領願
亡之，而乃由中央自棄之也。總之，華北安危、黨國
存亡，皆在於兄之立行。如果此行無補於事實，然亦
必無害於公私也。是非可否，皆望兄強勉此一行，以
後當不再有此不情之請也。中定明日飛陝，約五日後
經洛陽、開封回京，兄能在洛、汴相見後回平更好。
何如？盼復。

中正手啟。○○。魚午機蓉。

002-020200-00025-067

■ 1935 年 10 月 11 日
何應欽電蔣中正日方正積極進行華北政權獨立運動華北恐將生變

24 10 12

南京

即到。洛陽探呈委員長蔣：

渤密。頃有壬來談，謂「華北問題表面上雖告一段落，
而實際日方正積極進行。其初，彼方以為我方經此創
痛，必能事事就其範圍，政委會亦必可事事代表中央，
與彼方接洽一切。而因聯航問題之決裂，及政委會之依
然無力而至於撤銷，彼方認為我方一意規避，對於華北
有關之問題，與中央即國民黨已無商談之餘地，因之遂
積極進行華北政權獨立運動，派人與合肥接洽。經合肥
拒絕，乃謀擁立曹錕，或於閻、韓二人之中擇一為之，

惟聞似皆不願。上月在東京方面，統制運動表面雖告
成功，而因永田被刺，林陸相下臺，急激派之氣燄暗中
有增無已，益以義阿風雲更予以刺激興奮。聞岡村、坂
〔板〕垣、多田、磯谷四人，將在天津祕密會商。壬昨
晨送達銓〔詮〕等晤磯谷於上海丸，渠謂壬相違久矣，
豈真無話可談乎，壬以他語亂之。聞其即於是日下午赴
津，似此情形恐不久華北又將發生變化」等語。

職應欽。虞西秘□發真印。

002-020200-00025-069-003a~004a

■ 1935 年 10 月 12 日

北平軍分會電蔣中正等日方禁止各雜色司令旅
長等在租界內活動並補助有組織之各部並確有
成績者等情報

武昌委員長行營、南京軍事委員會、行政院、參謀本
部：據密報：
（一）關東軍代表長嶺偕奉天特務機關職員佐佐木等
十月一日抵津。（二）長嶺通代表多田司令官、川越
領事、池上憲兵隊長並各重要參謀官等於三日晚在海
光寺會議討論事項如下：（1）禁止各雜色司令旅長等
在租界內活動，並逐出租界，此事著池上憲兵隊長全
權處理。（2）已有組織之各部並確有成績者，應酌予
補助，由日軍部不時派員抽查有無不法行動。（3）凡
藉日人勢力所集成之一切不合法組織團體一律清除，

以整頓租界秩序。（4）關於侵略華北以不顯露日本暴力為原則，遵照政府訓令行之。（三）長嶺於四日夜間召集反動首領白堅武、劉桂堂、石友三、郝鵬、鄭燕侯等訓示，略謂希望各實力派努力互相團結，誠意與日、「滿」親善，嚴整頓所部，不可虛報人數，務求實在力量之充實，待機而動，日方決盡力助爾等成功。（四）各反動分子現正在準備一切暴動實力，待機起事，聞有在雙十節發動之消息。（五）石友三在承德組有華北軍團部，因其行動多逾越日方所指範圍之外，致遭不滿，將被驅逐出境。（六）中華國社民眾黨在華北甚為活躍，茲覓得該社入黨志願書一紙，藉供考核。等情。謹聞。

軍事委員會北平分會。文令總。

《中日外交史料叢編》第三編《日軍侵犯上海與進攻華北》，

頁 266-267。

■ 1935 年 10 月 23 日

朱培德電蔣中正據商震稱日方將要求中央人員撤出華北及盼華北五省成立統治最高機關等

24 10 23

南京

84

特急。奉化委員長蔣：

據商震真亥電稱：「○。（1）據陳覺生來談，日方不久將復提出藍社問題，即藉以要求將中央之特務人員一律撤出華北。此事日人前曾屢有表示，或不久又以此事相擾。（2）據曹潤田談昨晤多田，據談為共同防共起見，最好取立一統治華北五省之最高機關，如政整會之類，但人選及產生方法希望我方自動辦理，俟大連會議後必逐步促其實現云云。（3）津市今忽發現一種傳單，署名「華北民眾自新會」，擬由該會召集一華北民眾代表大會，再由代表大會產生一華北保安委員會，即由此委員會執行華北最高之政治權。究竟此傳單係搗亂分子所發，抑係彼方發出，刻尚未悉。（4）今晚晏式越總領事，據談『華北空氣近日雖極緊張，不一定即有重大事態，但亦盼特加注意耳』等語，頗可注意。（5）多田於今午已赴大連，合併電陳，伏候察核」各等語，除復悉外，謹電鈞閱。

職朱培德叩。梗午二高一印。

002-080200-00257-044-002a~003a

■ 1935 年 10 月 27 日

商震電蔣中正天津日報稱南京政府及華北當局並未履行公約導致華北赤化蔓延現日方決定日滿共同防衛排除華北國民黨活動並要求南京劌除排日運動施行親日政策

24 年 10 月 28 日

自天津發（有線）

號次：5092

特急。南京委員長蔣鈞鑒：

敕密。本日天津日文《京津日日新聞》載有消息兩則：「（1）關東軍對於防止赤化問題，根據大連會議之決議，對於蘇俄在外蒙之赤化運動，有向蔣委員長及南京政府商談中、滿共同防衛方策之必要，南京政府有無締結某種軍事協定之意向，擬提出要求並即時答覆。如仍本其歷來無誠意態度，日本將取正當防衛立場，不惜絕交而用斷然之手段。（2）自六月華北事件以來，關東軍希望確立華北之安寧及中、日、滿親善關係，以不干涉內政之標準，監視南京政府之誠意及華北地方當局之忠實履行公約。中國方面多違背此種方針，且赤化漫延華北已濃厚化，因之依據大連會議之決定，使實現下列三事：（甲）對於蘇俄經由外蒙古之赤化工作，日、滿共同講求防衛政策。（乙）期望排除國民黨政治仍在華北活動。（丙）鑱〔劌〕除南京政府之排日運動，使具體實行親日政策」各等語，謹聞。

商震叩。感亥機印。
002-090200-00015-434

■ 1935 年 10 月 29 日

商震電蔣中正日方提出實施華北協定通牒並要求處理灤州事件等

姓名或機關：商震

地址：北平

來文月日：豔亥

來文摘要：

本日午前十一時，由日本大使館參贊清水董三送到天津日本總領事川越茂第二二六號公函開：

「查平津地方之國民黨部及藍衣社等一切反日、反滿機關之彈壓，在前次華北事件之際，曾經貴方誓約在案。厥後經以灤州事件之調查，及我方其他屢次調查之結果，雖有右記誓約，而貴方之排日滿的機關刻尚更名改形，或祕密存在，仍有多數潛伏，依然繼續活動，證據顯然。且貴方對此取締之力極屬微弱，非第缺欠誠意，反有時而暗中助成之嫌，是乃本官甚為遺憾之處。至於斷然澈底的排除排日分子一案，本總領事曾以九月二日公文嚴重警告，乃貴方之取締未見何等實績，如此違反華北貴我兩方之各種約定，有引事態於益見糾紛之虞，是以本官此次再向貴主席要求以迅速澈底方法，將所有轄境內各種排日滿機關之存在及其活動一律禁絕為荷」

等語。

旋於正午十二時，天津日本駐屯軍司令部參謀中井代表參謀長酒井隆率通譯平井和夫偕同北平大使館武官高橋坦來見，提出關於華北協定實施事項之通牒，其全文大意與川總領事公函相同，所補充者有「萬一貴方對於此種機關之存在及其活動表明全無？之時，敝方將來關於本件認為貴方當然擔負全責，隨時當講求適當之處置，特併聲明，並希望對於左記之件從速賜覆：（1）在貴方管轄區域下，是否存在反日滿機關及其策動。（2）今後貴方之具體的處置如何」等語。此外又口頭提出兩項：

一、　要求：

子、關於灤州事件，因在河北省內發生傷害日兵情事，省主席應代表各機關向日本駐屯軍司令官表示遺憾。至於軍分會及北平市長，當有更嚴厲之要求；

丑、該案尚有未捕獲之犯人甚多，應請從速辦理；

二、　勸導請將下列三項轉達國民政府

子、北平市長之罷免：查北平市長袁良不履行何委員長、梅津司令官之協定，反庇護黨部、藍衣社等而惡化中日關係，且灤州事件之犯罪人出在北平，故特嚴重勸告，請速罷免該市長，希望以忠實而能積極履行何梅之協定，且努力於改善中日關係之人才充任；

丑、軍分會及其附屬機關之撤廢：查軍分會為華北事件之責任者，有先於其他機關履行《何梅協定》之義務，然而並不履行，反繼續其關於反滿、抗日之祕密行動，

且指導灤州事件之犯人,而令中日關係惡化,故特嚴
重勸告,請將該無用之設施及其附屬機關從速自動一
律撤銷;

寅、嚴重勸告:請將停戰協定及華北協定更加澈底實行,
且於國民政府將於將來反日滿策動之諸機關及人物應嚴
加取締,絕對不令其北上。

並由高橋特別聲明以上三項內容彼此絕對祕密,不得於
報章發表。繼而高橋、中井等又作補充談話,分述如下:

甲、高橋談話稱:

(1)日方絕對不承認軍分會,故特向省主席交涉,請
將以上各項轉達於國民政府,並已由駐南京西宮武官將
上項要求及勸告非正式提出於國民政府;

(2)以前《何梅協定》解決時間僅為十日,故此次亦
希望從速解決;

(3)《何梅協定》與灤州事件雖屬兩事,但各有關聯,
故併案提出;

(4)今後貴方之具體處置辦法,希詳為見告;

乙、中井聲稱:

此次提出勸告,似有干涉內政之嫌,但因貴方不特不
履行協定,反有反日滿之種種策動,其證據甚多,故
不能不請自動實行,並希望今後澈底履行上述協定;
再,日軍部既提出此項要求與勸告,當然有重大之決
心,如無效果,當不惜出於最後之斷然處置各等語。
按彼將提出灤州事件及取締黨部、藍衣社之要求,業
經前電呈明在案,除告以俟呈奉中央回示,再行一併

150 一九三〇年代的華北特殊化（二）
The Decentralization of North China During the 1930s Section II

答覆外，究應如何應付並答覆之處，尚祈鈞座迅籌電
示，以便遵循為禱。

擬辦：

來電請示對日領公函及酒井、高橋提出通牒應如何應付
及答覆（對方有希望十日內解決之語氣）？請核示。

002-020200-00025-077

■ 1935 年 11 月 30 日

汪兆銘電商震說明應付日方提出實施華北協定通牒之方針等

北平商主席啟予兄勛鑒：

豔亥機電敬悉。密。經與蔣委員長及各負責同志切實
討論，決定應行注意各點如下：（一）從前華北事件
皆武人口頭交涉，此次並有外交人員，且有公文，稍
一不慎便成定案。（二）六月間我方讓步已至極點，
今若再讓步則無可立國。（三）請用公函答覆川越茂
總領事，以平、津地方並無反日機關存在，自當隨時
嚴密注意，不使發生。公函中不可有國民黨部字樣，
自失立場，尤不可有反「滿」字樣，致涉承認之嫌。
（四）中井參謀所代表者非駐屯軍司令，而為酒井隆，
可見並非正式，其通牒不必以文字覆之，口頭已足。
大意與覆川越同，惟須注意否認《何梅協定》，因當
時並無協定字樣。（五）撤袁良及廢軍分會完全屬我
內政，即使僅為表示希望，亦當嚴屬拒絕，以上各點

請查照為荷。

汪兆銘。世午。

《中日外交史料叢編》第五編《日本製造偽組織與國聯的制裁侵略》，

頁399。

■ 1935 年 10 月 31 日
商震電蔣中正日駐屯軍當局謂灤州事件發生日本立場不能漠視

24 10 31

北平

5256

急。南京委員長蔣鈞鑒：

謹密。昨日天津日文晚報載有日本屯駐軍當局談話一則，其大意如下：「本年六月，何委員長與梅津司令長官誓約之華北協定，中外民眾莫不翹望，同時希望勿使為敷衍一時之辦法，未幾發生灤州事件，予以一大影響。嗣後內容之種種事象，燎以證明違反該協定之辛辣陰謀，而迄今尚無實效。我方調查結果，判明上述策動實為深刻，如灤州事件亦為其暗躍所致，並發現令人恐怖之暴行較前更顯，或由於蔑視我方寬容態度亦未可知，蓋我方認為中國政令不澈底所致也。不料其鋒愈銳，最近竟呈可以認為挑戰態度之華北赤化事象。就日本立場言，不能漠視，尤須鄭重表明。要之，長此以往，東亞將來情勢將不堪設想。本軍為友邦中華民國四

萬萬民眾計，為東亞和平計，不得不向中國執政當局警
告，而要求華北協定之嚴密履行也」等語。謹聞。

商震叩。世子機印。

002-020200-00025-079-003a~004a

■ 1935 年 11 月 1 日
丁紹伋電外交部東京方面對川越公函之解釋

南京外交部：

二七〇號。三十一日。呈閱：蔣大使今朝啟程同國，將
出門，特奉汪院長三十日鈞電，因命伋赴外務省交涉，
伋遵即奉鈞電質問，當得廣田答覆謂，川越公函、津軍
勸告皆因河北仍有排外，故表明日本欲中、日速行親善
之希望耳，並非干涉中國內政也。中國請求制止此種交
涉，日本不能照辦云。又桑島非正式表示如下：川越公
函係外交機關根據今年六月華北商議之正當交涉，津軍
勸告亦不過欲除去中、日親善之障礙，均非欲干涉中國
內政。日本所以由駐河北官憲提出此種表示者，一則欲
使對華外交漸次回復正軌，以免軍官之直接強硬行動，
一則欲使交涉限於一地方，不令成為兩國政府間之嚴重
問題。最好中國自動有巧妙之處置，則不但彼此均不傷
體面，且可促進兩國之親善也。

丁紹伋叩。

《中日外交史料叢編》第五編《日本製造偽組織與國聯的制裁侵略》，

頁 396。

■ 1935 年 11 月 1 日

袁良電蔣中正稱日方繼續捏造事實加以詆毀請准辭北平市長職務

24 11 1

北平

5321

特急。南京軍官學校蔣委員長鈞鑒：

苠密。日方此次行動，對良已正面加以攻擊。昨、今兩日日本報任意捏造事實詆毀，首言良為鈞座惟〔唯〕一代表支持北方之人，為當前第一障礙，非去之不可云云。聞明日武官室更有繼續攻擊北平市長之文字發表。局勢至此，良已無可撐持，強留必多滋糾紛，反礙大局。擬即請辭北平市長職務，並擬日內飛馳南京報告一切。除另電呈行政院外，謹此陳明，伏乞鑒察照准，無任感禱。

北平市長袁良叩。東酉印。

001。即譯。十一 · 一。

特急。北平袁市長文慶兄：

苠密。兄東酉電及兄託膺白轉來之東午電均已轉陳委座閱悉。兄之處境日困，無限同情，其解決辦法兄可先行逕交秘書長代行，拆〔則〕自動請求來京面陳一切，一面電京，一面動身，不必候京復電。俟抵京後，兄再堅決表示不願回任。如此處理較為得體，希即照辦，並祈

電復。

弟楊永泰叩。冬戌京印。

002-080103-00022-001-288a~289a

■ 1935 年 11 月 1 日

商震等呈蔣中正華北局勢及日方陰謀策動

24 年 11 月 2 日

自北平發

南京委員長何：

〇密。頃袁市長送來與津日領川越茂來往文轉抄件各一件，除川越來文容與衛戌部冀省府送來之件併由航郵寄呈外，謹先將袁市長之復文電陳如下。「敬啟者：本月二十九日據奉貴總領事第二二九號公函及附件均敬閱悉。查本市長蒞任以來，對於輯睦邦交之道向極重視，凡市民之言論行為有足以妨礙貴我兩照邦交者，在職權所及範圍無不盡力取締，既往事實當為貴照在平官憲及僑民所共見共聞，且我中央政府亦曾有明令禁止照民對於友邦有排斥及挑撥惡感之言論行為，本市長既奉有此令，尤為職責所應盡之事，故不特對於所屬飭令切實查禁，且更為深切之注意。茲惟函開各節自當再飭所屬特別查察，倘發現有排外行為妨害貴我親善者，定必嚴加取締，可請貴總領事釋念。惟親善之道，須賴雙方照民互有深切之了解，僑民平津一帶之貴照人民，或亦不無有足為親善前途之障礙者，亦請貴總領事隨時加意查察

予以同樣之取締，則於兩照邦交前途尤多利賴，唯函前
因相應函復即請查照為荷。電致日本駐津總領事。北平
市市長袁良。十月卅一日」等語。

職鮑文越〔樾〕，先印。

002-080103-00018-003 -013a~014a

■ 1935 年 11 月 2 日

褚民誼函外交部說明河北省政府主席商震已分別答覆川越公函及酒井通牒

「河北省政府主席商震冬機平電稱，川越公函及酒井
通牒，已於東晚分別答覆，謹錄原文呈核一案，應密
交外交部。」等因。相應抄同原電，函達。查照。此
致外交部。
計抄送原電一件。

行政院秘書長褚民誼。

抄原電
分送。急。
委員長蔣、行政院汪院長、何部長鈞鑒：
謹密。極密。川越公函及酒井通牒已遵汪院長世午電
所示意旨，於東晚分別答覆，謹錄原文呈核。（甲）
答覆川越云，案准貴總領事第二二六號公函。略開：
關於貴國方面取締排日分子一案，未見何等實績，請
以迅速澈底之手段方法將轄境內各種排日機關之存在
及其活動一律禁絕為荷等因。查此案前准貴總領事函

請核辦到府，當經通飭所屬特別注意，對於排日分子
詳密徹查拿辦，以敦睦誼，而維治安在案。月來迭據
各縣報告，並無排日機關之存在及其活動，惟本省轄
境遼闊，容恐或有疏漏，准函前因，當再嚴飭所屬限
期清查，一經發見訊明確據，立即嚴予懲處，以期絕
跡。除通飭遵辦外，相應函復，即希查照。（乙）答
覆酒井云，案准貴參謀長通牒，以關於取締排日分子
事項，務祈從速示復等因。查此案前於本年九月間，
准貴國駐津川越總領事函請核辦到府，當即通飭所屬
特別注意，對於排日分子詳密徹查拿辦，以敦睦誼，
而維治安在案。茲准前因，相應將貴參謀長所詢兩點
答覆如下：（1）本省管轄區域內迭經嚴令查禁，據報
並無排日機關之存在及其活動。（2）惟本府轄境遼闊，
為免疏漏起見，當再嚴飭所屬限期清查，並由本府組
織稽查隊分赴省府及各縣澈底密查，一經發見訊明確
據，立即嚴予懲處，以期絕跡。右列兩項相應函復，
即希查照等語。又川越公函採正式文書，故以公函答
覆，酒井來件手續不完，遂用便函作復，特並陳明。

　　　　　　　　　　　　　　　商震叩。冬機平印。

《中日外交史料叢編》第五編《日本製造偽組織與國聯的制裁侵略》，

頁 399-401。

■ 1935 年 11 月 4 日

褚民誼函外交部有關據商震電告據中井及高橋等口頭通告駐屯軍認軍分會及北平市長為反日根源如不撤銷即自由行動謀其實現等語

奉院長諭：

「河北省政府主席商震支子機平電，據中井及高橋等口頭通告，駐屯軍認軍分會及北平市長為反日根源，如不撤銷，即自由行動謀其實現等語，審察情形，似難抑止，伏祈鈞裁一案，應密交外交部」等因。相應抄同原電，函達查照。此致外交部。

計抄送原電一件。

行政院秘書長褚民誼。

抄原電

分送特急。

南京中央軍校校長官舍委員長蔣、汪院長、孔副院長、何部長鈞鑒：

謹密。極密。前者日本駐屯軍司令部參謀中井增太郎等代表參謀長酒井隆口頭所提勸告三項，在奉到汪院長世午電後，當即遵照所示意旨，口頭向彼方嚴辭表示拒絕之意。乃今晚九時半，中井及高橋等又代表駐屯軍來見，提出口頭通告，其原意如下：「駐屯軍認為貴政府對於前日口頭所提勸告各項，絕無誠意，且事遷延。原來北平軍分會及北平市長係屬反日策動之根源，其證據顯然，因是我方依據華北協定，雖係實力迫其撤銷及罷

免亦無不可，但尊重貴政府之體面，故特勸告自動實行。然貴政府輕視之，延至本日未見表示何等誠意，極為不合。既如此，則我軍惟有立即以自由行動謀其實現，但不欲徒起波瀾，故忍耐一時，重向貴政府催促再作嚴重之考慮，而要求從速與以誠意之答覆。若貴政府依然不示誠意，致令我方取自由行動，其責任則應由貴政府負之，特此預為通告，即請轉達貴政府」等語。震復多方譬解，以示拒絕，而伊等終以須得到我中央切實辦法，有非達到目的不止之勢。審察情形，似難抑止，惟有據以上陳，尚祈鈞裁為禱。

商震叩。支子機平印

《中日外交史料叢編》第五編《日本製造偽組織與國聯的制裁侵略》，

頁 396-398。

■ 1935 年 11 月 5 日
商震等呈蔣中正華北局勢及日方陰謀策動

24 年 11 月 6 日

自北平發

限即刻到。南京何委員長：

密，親譯。頃據紹文來告，高橋昨表示軍分會對日方意見迄無確實辦法，日方將以兵力實行占領，請衛戍部勿庸過問云云。經答以分會為衛戍部上級機關，且在衛戍區域以內，日方有何舉動，衛戍部不能坐視；日方認為有反日人員在內，儘可提出確據，轉為轉商

澈查取締等語。依以上情形觀察，環境壓迫愈緊，以
後如何應付？尚乞密示為禱。

職鮑文越〔樾〕叩，歌申印。

002-080103-00018-003 -015a

■ 1935 年 11 月 6 日
唐有壬與雨宮談北平軍分會等事紀錄

時間：民國廿四年十一月六日下午五時〇分
地點：本部
事由：關於北平軍分會事
雨宮：蔣大使最近回國，不知意見如何？
唐次長：蔣大使與貴國廣田大臣所談甚詳懇，蔣大使
　　　　深信廣田外相之力量，中、日問題有辦法，
　　　　故甚為樂觀。
雨宮：但此等於兩人握手，一方懷藏炸彈，如何能達
　　　到目的？
唐次長：此中何有炸彈？
雨宮：有之，如河北問題即是，袁市長與軍分會就
　　　是炸彈。
唐次長：袁已自動辭職，軍分會政府早有意改善。
雨宮：我方所希望者非只為改善，而為撤銷此機關。
唐次長：其理由何在？
雨宮：理由甚多：（一）會員有排日行動；（二）此
　　　機關根本不需要，河北軍隊已撤退，此分會已

無事可作；以本無事可作之機關空耗許多經費，徒增重地方之負擔；（三）此次並非新要求而係舊賬，在河北事件發生時我方即擬提出，惟以要求太多於貴方頗有不便，故留請貴方自動辦理，不料貴方並未辦，不得不舊賬重提也。

唐次長：（一）需要與否，當以我國立場觀之。我方認為有需要，蓋此係我國內政，內政上認為有需要也。（二）不甘心撤銷之，因日方偽造許多證據，以此偽證據以強我撤銷，無異強入人於罪，我方實不願承允。（三）且日方要求源源而來，毫無限度，即令撤銷亦無底止。（四）至軍分會經費並非地方負擔，乃係由中央支出。

雨宮：但感情已壞，實無法挽回。

唐次長：我政府仍著重其改善。

雨宮：如此實等於無答覆。

唐次長：照日方此種態度，恐撤銷後亦無辦法。

雨宮：因南京不受商量，故事事出於最後態度；如中央受商量，則事事可以中央為對手；如不受商量，則只有向地方要求，以與中央無關者主持北方局面。

唐次長：此係我國內政，日方不能干涉。

雨宮：我方並非干涉，乃係陳述意見。

唐次長：日方所提要求絕非陳述意見，而直等於命令，無可商量。

雨宮：中央究有意撤銷與否，請明白答覆，勿作模稜
　　　語。軍人已不肯等待，我亦無法再事抑制矣。

唐次長：余已答覆政府有意改善矣。

雨宮：此太無限制，余已無力再行抑制。請問如：
　　　（一）政府有辦法，則稍待；（二）中央無辦
　　　法，即不必等待。二者之中，請擇一明白答
　　　覆，我亦不必抑制，大家可丟開手。

唐次長：我方非不想辦法，當然請稍待，況機關非個
　　　人之比，須通盤籌劃一下，不能倉卒從事。

雨宮：請先說明何時有辦法，否則等於遷延。

唐次長：此點恕不能負責答覆，余前已屢談我政府有
　　　辦法、在想辦法，如在此時期發生問題，應
　　　由日方負責也。

《中日外交史料叢編》第五編《日本製造偽組織與國聯的制裁侵略》，
頁 403-405。

■ 1935 年 11 月 7 日
**中國致日本大使館照會回應川越公函及酒井通
牒等**

為照會事，准河北省政府報告十月廿九日上午十一
時，准駐天津日本川越總領事函開：敬啟者，在平、
津地方國民黨部及藍衣社等一切反日反、「滿」的機
關，當前次華北事件之際，貴國方面曾經誓約彈壓，
然因灤州事件及其他事件，據我方屢次調查之結果，

未守前約，貴國方面排日之機關變名易形，今尚祕密存在，多數潛伏，依然繼續活動，證據確然，而貴方取締極為緩弛，不惟使人有無誠意之可疑，時而反覺有暗中指助之舉動，此誠本官甚為遺憾者也。關於斷行澈底的排除排日不良分子一案，本官業於九月二日以公文嚴重警告，但此後貴國方面之取締並無何等實績之可言，如斯實違反關於華北彼此種種之商定，並有更使事態趨於糾紛之虞。本官茲再向貴主席要求，希即執行迅速且澈底的手段方法，俾所屬地方使其絕無各種排日機關並其活動等語。正午十二時，天津日本駐屯軍司令部參謀中井代表參謀長酒井隆，偕同日本大使館武官高橋坦來見，提出通牒，其大意與川越總領事函相同，所補充者有萬一貴方對於此種機關之存在及其活動表示全無之時，敝方將來關於本案認為貴方當然擔負全責，隨時講求適當之處置，特並聲明，尚望對於右記之件從速賜復：（一）在貴方管轄區下，是否存在反日的機關及其策動。（二）今後貴方之具體的處置如何等語。此外，又口頭提出數項要求及勸告，其中有涉及我國內政者等語。查中國政府對於輯睦邦交素所重視，近復頒布明令嚴屬禁止一切排外行為，以促進國際關係之日益親善。灤州事件不幸發生，我方當即懸賞緝兇，已有所獲，現正加緊辦理之中，所有該犯供詞，曾經抄送貴大使查照有案。至所謂藍衣社，迭經聲明，並無是項組織；河北省黨部早經自動撤退。以上種種事實，當為貴國官民所共

悉。今後仍當飭由關係機關隨時注意，倘發現有礙及
國際親善者，自必嚴加取締也。惟親善之道，端賴雙
方國民互有深切之了解，在華日僑為數眾多，分子複
雜，或不無有足為親善之障礙者，亦請貴大使轉飭加
意查察，切實取締，則於中、日兩國之親善前途尤多
利賴。此次貴國駐天津總領事及駐屯軍參謀等竟有上
項表示，未免有所誤會。而日本軍人對於河北省政府
之勸告既多干涉內政之嫌，尤軼出外交之常軌，實足
以妨礙兩國友好關係之進展，而與貴國廣田外相最近
對我國蔣大使所談之中、日關係諸原則，亦有未符，
復認為遺憾。茲特提出抗議，照會貴大使查照，請即
嚴加告誡，切實制止，並見復為荷。須至照會者。

《中日外交史料叢編》第五編《日本製造偽組織與國聯的制裁侵略》，

頁 401-403。

■ 1935 年 12 月 4 日

何應欽電蔣中正稱高橋坦表示日方反對何應欽來平並請其貫徹何梅協定同時要求中央切勿妨礙華北自治運動等

24 12 4

北平

6753

特急。南京委員長蔣：

哂密。今午高橋約周副組長永業談話，高橋所談大意如次：「（1）如何部長久在此地恐生衝突，而成地方上之混亂狀態。（2）天津軍方面之意見，忠告何部長以早日離平為宜。（3）《何梅協定》並未充分施行完了，例如憲兵三團、藍衣社之責任者，即何部長當軍分會撤廢未久之今日，而為該會首領之何部長竟復來平，恐不久即生糾紛。（4）依《何梅協定》之精神上而論，何部長亦應早日離平。（5）依高橋個人意見，華北自治運動最善莫如由華北人自任之，請中央不加以妨礙為宜。（6）關於此點（即以上之點），有吉大使曾向蔣委員長已有聲明，並由須磨總領事與雨宮向唐次長有壬已有聲明，高橋亦向朱組長已有聲明。（7）綜合日方總意，均反對何部長來平。（8）依高橋個人意見，何部長由遠道來平，甚表歡迎，不過處於今日局面之下，事與心違」等語，謹聞。

職應欽。支酉行秘印。

002-090200-00020-062-002a~003a

宋哲元與冀察政權

■ 1935 年 1 月 23 日

宋哲元電蔣中正二十二日晚敵以一聯隊附砲騎兵鐵甲車向我沽源獨石口之線前進本午敵在砲火掩護下向我獨石口長城線之劉自珍旅陣地進攻

24 年 1 月 23 日

自萬全發

號次：1147

急。南京探呈委員長蔣鈞鑒：

永密。養電計邀鑒察。本日情況報告如下：（1）養晚八時，敵以一聯隊為基幹，附砲十餘門、騎兵三百餘、鐵甲車數輛由大灘出發，向我沽源、獨石口之線前進；（2）本早十時，有飛機三架到沽源、獨石偵察後，復至東枰子投擲炸彈七枚東去；（3）本早十一時，敵以火砲向我獨石、杠枰子、北枰子一帶地區猛烈射擊，迨午十二時，敵即以步兵約五千五百名在砲火掩護之下，向我獨石口長城線之劉自珍旅陣地進攻，至薄暮尚在對峙中；（4）除令該旅仍在原陣地極力抵抗外，謹聞。

職宋哲元叩。漾申恭印。

002-090200-00014-058

■ 1935 年 2 月 3 日

何應欽電蔣中正等據宋哲元報告察東事件派張樾亭率員與日軍永見俊德等會商定日軍即撤回原防亦不侵入石頭子南石柱子東柵子之線及其以東之地域槍械如數發還熱河民團等

24 年 2 月 3 日

自北平發

號次：1839

南京中央黨部、國民政府主席林、行政院長汪、軍委員長蔣、各院部會、各綏靖主任、各省市黨部：

據陸軍廿九軍長兼察哈爾省政府主席宋哲元報告察東事件，經派第廿九軍第卅七師參謀長張樾亭率同隨員沽源縣長郭堉塏、察省府科長張祖德於二月二日前往大灘與日軍第七師團第十七旅團長谷實夫、第二十五聯隊長永見俊德及松井中佐等，於是日上年〔午〕十一時在該處會商，口頭約定解決辦法如左：察東事件原出於誤會，現雙方為和平解決起見，日軍即撤回原防，廿九軍亦不侵入石頭城子、南石柱子、東柵子（長城東側之村落）之線及其以東之地域。所有前此廿九軍所收熱河民團之步槍計三十七枝、子彈一千五百粒，準定本月七日由沽源縣長如數送到大灘，發還熱河民團等語。察東邊境糾紛事件至此完全解決，知注謹聞。

軍事委員會北平分會代委員長何應欽江印。

002-090200-00014-066

■ 1935 年 6 月 5 日

張羣電楊永泰轉陳蔣中正稱華北組織複雜改善
方法應從組織簡單由何應欽專責

24 6 5

武昌

2853

特急。成都楊秘書長暢卿兄勛鑒：

和密。漢卿主任返鄂，得悉華北事已有應付辦法。委座
正在艱難奮鬥之時，茲復受此刺戟〔激〕，苦痛情形可
以想見。凡有血氣，感憤同深。竊以為華北局勢之壞，
固由日人得寸進尺，顧亦未嘗不由我方在華北組織複
雜，機體分歧，不能通力合作、一貫應付所致。此後改
善之方，似應從組織簡單、機體合作入手。敬之兄對於
華北既肯負責，似宜即以彼為重心，各事付其辦理。機
關之可撤銷者撤銷之，或令其兼任，以趨簡單。一切行
政用人亦本此原則，以為支配，以期合作，庶可收一貫
應付之效用挽危機。是否有當，敬希轉陳裁決為荷。

　　　　　　　　　　　　　　　　弟羣叩。歌印。

譯發

廿四年六月九日擬稿

九日下午七時核發

武昌張主席岳軍兄勛鑒：

歌電敬悉。○密。所見甚佩，已為轉陳矣。

　　　　　　　　　　　　　　　　弟永泰叩。蒸蓉印。

　　　　　　　　　　　002-080103-00003-004-045a~046a

■ 1935 年 6 月 13 日

蔣中正電何應欽密告宋哲元速處置察哈爾事件勿使日本藉機擴大

發電號次：A619

24 年 6 月 13 日譯發

24 年 9 月 28 日抄送

北平何部長勛鑒：

〇。聞察事對方仍想擴大，請密告明軒處置速了，勿使藉口為要。

中正。元未機蓉。

002-080200-00229-100

■ 1935 年 6 月 14 日

宋哲元電蔣中正現正辦理交涉松井竟川向我抗議日人過張北被我軍監禁事期和平了結

24 年 6 月 14 日

自張家口發

號次：7349

武昌軍事委員會委員長、行營委員長蔣鈞鑒：

嘉密。本月六日，有日人汽車一輛內乘日關東軍特務機關職員一人、善鄰協會職員一人，由多倫來張垣。因事先未通知我方，亦未攜護照，行經張北，該縣駐軍以其未帶護照，當用電話請示，即予放行；不意日武官松井

竟以該日人等過張北時被我軍監禁一日，並檢查其車內
物品□詞，向我方提出抗議，現正據理交涉，以期和平
了結，謹聞。

職宋哲元叩。寒政印。

002-090200-00016-392

■ 1935 年 6 月 16 日
**戴笠電蔣中正稱趙登禹奉宋哲元電召抵張垣拒
絕剿匪等事**

24 6 17
南京
1910
成都委員長蔣鈞鑒：
○密。據北平轉據張家口報告稱：「駐張北之一百二
師師長趙登禹元日奉宋哲元電召抵張垣，趙談中央已
發表宋為川鄂豫邊區剿匪總司令，但接受與否尚須視
時局之推移。現華北政府正在醞釀，宋留察無望，去
川鄂不如西走甘肅覓一根據地，待機再動。宋及各師
長之意見均如此」等情，謹聞。

生笠叩。銑亥印。

002-080103-00022-001-016a

■ 1935 年 6 月 16 日

張季鸞等電吳鼎昌請勉令何應欽負責與日方交涉及宋哲元派秦德純與土肥原賢二商決張北事等文電日報表等二則

來電號次：01

姓名或機關：張季鸞、胡政之致吳達銓〔詮〕先生之電

地址：天津

來電日期：銑（十六日）

來電摘要：

此間謠言仍多，昨據川越總領事語弟，梅津每晚與彼晤商，均主穩健，不願深入干涉內政，各方活動分子日方絕不援助。梅津並告誡少壯派慎重，且謂中央軍部意亦如此；關東軍雖不盡然，中央力能裁抑。窺其意甚誠，惟何去後主持無人，冀省府久懸，亦非辦法。同人僉認黃勢不能回，何主冀政較妥。因日軍對何尚好，彼係交涉原人，由彼負責實施較易說話，且亦順理成章。事宜速決，遲恐生變。聞何不願歸，宜勉令負責。張北事宋派秦紹文來津與土肥原商決，聞可了。除石友三有土肥原協助外，他人均乏後援，大勢暫可保持，但宜速定局面。

擬辦：

此電擬轉汪先生，並請汪勸敬之勉負艱鉅，暫渡難關，使華北局面略行結束，以免別生枝節。當否？請核示！

批示：

如擬。

002-080200-00453-088

■ 1935 年 6 月 18 日

何應欽電蔣中正請免宋哲元察哈爾主席暫由秦德純兼代

24 6 18

南京（有線）

1994

成都委員長蔣：

倪密。極秘。昨接鮑主任文越〔樾〕篠電節稱已與紹文、靖原諸兄商擬對察事解決辦法：（1）請中央將宋與他省對調。（2）仿于孝候〔侯〕例，由中央給以陝甘寧邊區剿匪總司令名義，率廿九軍全部離察，並由靖原回張與明軒面商等語。因事機急迫，無往返磋商之餘裕，汪先生、膺白等詳商結果，對察事應急處置，已決議：（1）免去宋哲元委員兼主席職，另有任用。（2）派秦廳長德純暫行兼代主席職，又擬將一三二師趙登禹部調駐陽原、蔚縣等處。除由職將此項決定辦法電告明軒，勸其為國忍讓，諒無問題外，至廿九軍全部除一三二師外，職意亦不能盡行調離察省。又，對明軒今後名義如何？統乞鈞裁示遵。

職應欽。巧未秘印。

002-080103-00022-001-012a~013a

■ 1935 年 6 月 18 日

汪兆銘電蔣中正行政院會議決定免去宋哲元主席以秦德純代理

24 6 18

京

1976

成都委員長蔣勛鑒：

佶密。今日敬之、膺白兩兄報告關東軍已令土肥原於今日下午赴北平抗議撤換宋哲元，並報告宋曾有表示如中央調任他職，無不遵從。日本抗議則不甘受，故最宜於今日下午以前將宋之主席免去，另有任用，而以秦德純代理。經於今晨院議再三討論，結果已決定發表此事。關於時間性，只得先辦，乞鑒諒為幸。

弟兆銘。巧午印。

002-020200-00025-044-003a

■ 1935 年 6 月 18 日

俞飛鵬電楊永泰轉蔣中正華北諸省應早定大計作最後應付

24 6 18

南京

2391

急。成都行轅楊秘書長暢卿兄請譯呈委員長鈞鑒：

○密。粵陳思動，全由桂方逼成，度非出自本心，想見其顧慮尚多，中央此時宜加以安慰，予以保障，或可望消患於無形，萬勿即加責備，以促其變，但我方暗中仍須有相當準備。至華北事件，平、津雖暫告段落，察事又起糾紛，彼對宋之主席及黨部並廿九軍駐防各問題，可謂方興未艾。即令察事幸告解決，別方面亦必有枝節發生，其意非使華北諸省完全入其掌握不可。我方忍痛了結，究以至何程度為止，擬懇鈞座預定大計，作最後之應付。敬陳愚見，伏乞鈞裁。

職俞飛鵬叩。巧印。

002-080103-00003-004-142a

■ 1935 年 6 月 19 日

汪兆銘電蔣中正稱宋哲元免職另用及廿九軍調動事宜等情

24 6 19

南京（有線）

2055

成都蔣委員長賜鑒：

佶密。敬之兄連接宋明軒兩電，力述個人進退聽命中央，盼將免職令即日發表，政、軍同人均深知政府苦心，絕不生枝節等語，故已即將免職令發表矣。關於另有任用問題，敬之兄今日提出討論，擬將二十九軍之兩個師及地方部隊留駐察省，其餘兩個師則隨宋明軒參加剿匪。應否畀以陝甘寧邊區剿匪總司令名義及應駐紮何地，盼即酌定電復為禱。

弟兆銘。皓申印。

譯發

廿四年六月廿日下午五時核發

限即到。南京汪院長尊鑒：

皓申電敬悉。3251 密。對宋明軒事，今晨已將弟意告敬之，請核奪為荷。

弟中正叩。號西秘蓉。

002-080103-00022-001-018a~019a

■ 1935 年 6 月 19 日

宋哲元電蔣中正將察省主席罷免請迅發表事

24 6 20

2128

特急。成都軍委會委員長蔣鈞鑒：

○密。察省府委員兼主席一職既經中政會議決罷免，應請迅予發表，保持中央威信，解決外交糾紛；萬不可因彼方有和緩之議再事變更，既貽國際之誹笑，復啟對方之輕視，以後遇事逼迫更不可為。職純為救國起見，故特摛誠應請務懇即日發表，以重中央大權，是所企禱。

職宋哲元叩。皓戌印。

002-080103-00022-001-035a

■ 1935 年 6 月 20 日

蔣中正電何應欽指示宋免職後其部隊移防事宜

A976

即到。南京何部長勛鑒：

倪密。察事既免宋職，對其所部先將趙登禹部調駐陽原、蔚縣後，再定宋之名義，將來只有任為陝甘寧邊區總司令。第一步先移甘、寧邊境之中衛，待其部隊集中中衛後，再向甘、涼移防，否則恐甘、青民眾與馬氏皆先起恐慌。但此只可作為腹案，而宋部全數離察則無隊填防，終須設法駐半數也。

中〇。號巳機蓉印。六、廿。

002-080103-00022-001-020a

■ 1935 年 6 月 20 日

何應欽電蔣中正稱頃致宋哲元仍請負察事全責

24 6 20

南京（有線）

2163

特急。成都委員長蔣：

頃致宋明軒一電，文曰：「倪密。日人狡猾手段無所不用其極，對我中央與地方同時施其二重壓迫及離間挑撥之計，必使我陷於窮窘困難之境，中央對此已深切加以注意。日前關察事之處置雖經政院決議，但接紹文兄巧午、酉兩電後即行擱置，未予發表。乃此消息已為日方所知，昨遂微露催促之意。中央因見兄致弟之巧戌、皓兩電體國公忠，情溢言表，乃於昨日決照政院議決案明令公布。頃平電又謂：酒井返津後，表示察事仍可與兄作地方解決，如能允其所提五條，則免職一層可以不提云云。日方此種手段，其為愚弄我中央與地方，實屬毫無疑義。為今之計，主席免職令既已發表，勢自不便收回。若日方今後對兄確已諒解，別無問題，則似由中央發表兄駐察綏靖主任名義，事實上察事仍請兄負全責主持。若此層不能辦到，則即照弟皓西電所陳辦法辦理。尊意如何？請與紹文、靖原諸兄商定速復。又膺白兄此次來京堅決向政院請辭，已

蒙密准叔魯暫代，不過維持一時，短期內政整會即將撤銷，知注併聞」等語，謹電鑒核。

職應欽。號未秘印。

002-080103-00022-001-029a～030a

■ 1935 年 6 月 21 日

蔣中正電宋哲元深明大義實為革命軍人之良模可密來川敘事

譯發

廿四年六月廿一日擬稿

廿一日下午二時核發

限三小時到。張家口宋主席明軒兄勛鑒：

皓午、皓戌兩電悉。苮密。兄以大局安危為重，個人進退為輕，赤誠為國，實為革命軍人惟〔唯〕一之良模。軍、政同人亦力矢服從，更屬深明大義，至可佩慰。昨據京電，已勉徇所請，第一步辦法已先予發表，望兄有暇能密來川一敘也。

中正。馬未秘蓉。

002-080103-00022-001-036a

■ 1935 年 6 月 22 日

宋哲元電蔣中正稱避地天津正可緩外交情勢事

24 6 23

天津（有線）

2481

成都委員長蔣鈞鑒：

馬未秘蓉電敬悉。苪密。目前外交環境已至最嚴重之階
段，哲元一人之進退事小，國家整個外交方針所關至
鉅，此乃分所當然，仰蒙獎慰，益滋慚報。頃哲元避地
來津，外交情形或可因而和緩也，謹覆。

職宋哲元叩。養申印。

002-080103-00022-001-041a

■ 1935 年 6 月 23 日

何應欽電蔣中正有關察省張北事件與日方交涉
指示秦德純應付之各點等文電日報表

來電號次：2466

姓名或機關：何應欽

地址：南京

來電日期：漾（戌秘）

來電摘要：

養未秘一、二兩電計達。頃復秦紹文一電，文曰：「養
及養二電均悉，業已呈報汪院長，並與中央負責各同志

決定應付此事之原則如次，由察省府與日方交涉。關於條件內容，隨時請示軍分會呈報中央核定，至對方條件內容應特別注意之點如次：（1）所謂日方在察省之『合法行動』，應改為『合乎條約之行動』；（2）不駐兵區域原則可以設立，其詳細由軍分會決定，惟須日方在該區域內無以軍警進入之事；（3）省黨部撤退等事，由我方自酌量辦理；（4）不駐兵區域最好不以書面規定，其餘任何書面規定應予拒絕；（5）關於山東移民問題，礙難制止；（6）日方有無續提條件，須澈底查明呈報，請兄查照以上各點，斟酌妥為應付」等語，謹電鑒核。

擬辦：

擬併養一、二電復：所擬指示紹文應付之各點，尚屬妥洽。但一面仍須準備察省之軍隊隨時向西北之撤退，或即派西部先行移動，以免臨時倉卒。此時萬不可無最後一著之決心與準備也。

批示：

如擬。

002-080200-00454-056

■ 1935 年 6 月 24 日

孔祥熙電蔣中正有關宋哲元部一調赴陝甘剿匪或一移駐長江流域事宜

24 6 24

上海（有線）

2543

成都委員長蔣鈞鑒：

偕密。宋明軒近年承兄栽培，極為感激，此次察省事件完全聽命中央，深識大體，將來該軍調動自屬不成問題。現有兩種主張，一調赴陝甘剿匪，一移駐長江流域。問其左右，頗希望調駐長江流域，如能令宋主安徽，調令該軍隨侍我兄剿匪更佳。弟意該軍軍紀素嚴，當此內憂外患層見迭出之際，長江流域得一有力軍隊駐紮，似亦有必要。或在長江流域酌予位置，再調其一部分軍隊赴陝甘剿匪亦無不可。謹以轉陳，藉供參考。

弟孔祥熙叩。敬印。

002-080103-00022-001-054a

■ 1935 年 6 月 24 日

蕭振瀛電蔣中正察省交涉殷同假藉日方要求宋哲元免職當屬失策

24 6 25

北平

2610

限即到。行營毛秘書慶祥兄鑒：

苛密。親譯。呈委員長蔣鈞鑒：察省交涉，前已將近解決，而殷同等假借日人口吻報告中央，謂有對宋主席免職要求；同時，土肥原對中外記者公開談話，則謂對宋主席並無成見，中國方面忽免宋職，殊出意外。茲經詳查內幕，乃係殷同等恐北方之無事，失其營私企圖，故借〔藉〕已近解決之察省交涉張大其詞，蒙蔽中央，為媚外自重之計。當此國步艱虞，該殷同等不顧大局，致陷政府於失策，殊屬喪心病狂，不徒軍民寒心、中外側目，尤係玩弄中央，干犯國紀，如不嚴加懲處，何以警效尤而平公憤？瀛感鈞座知愛，聞見所及，不敢不告。至宋主席及所部將士皆由鈞座多年培植，無論如何悉惟鈞命是聽，伏祈垂察。

蕭振瀛叩。敬亥印。

002-080103-00022-001-058a~059a

■ 1935 年 6 月 27 日

汪兆銘電蔣中正有關宋哲元去職改任察綏靖主任一事及蕭振瀛調動事及蔣中正復電

24 6 27

南京

2797

急。成都蔣委員：

〇密。察事已由敬之兄電陳，具應付困難之點如下：
（一）冀事日方始終對軍分會交涉，察事則對省政府交
涉。（二）冀事初用口頭交涉，後乃發生覺書問題，察
事則自始即用書面交涉。（三）察省政府對書面交涉諱
莫如深，直至二十二日敬之兄據侯成報告各項，始電質
秦德純，得復確有其事，而至昨日始知書面交涉所列各
項尚不止此。（四）十八日宋哲元另有任用、免去省職
之決議，雖由膺白、敬之兩兄主張，但既經院決議，弟
應負責。（五）敬之兄述宋之言「如中央知日方有本人
免職之要求，請萬勿猶豫，先行發表；蓋本人若為日方
所壓迫，必不甘受。若中央於事前發表，則本人服從命
令，問心無愧，亦可對人」，其言甚正。由今思之，弟
與敬之兄皆過於忠厚待人矣。（六）此事弟首應負責，
敬之兄亦同原，不能專責膺白兄。乃蕭振瀛則集矢殷
同，責為漢奸，甚至捏造殷同告土肥原云「一切書面條
件汪院長均決定完全接受」。（七）昨見蕭振瀛致庸之
兄電，要求任宋為冀察綏靖主任，並將北平包括在內，

而任己為市長。冀事甫告解決，無端立一綏靖主任徒滋紛糾，以北平包括在內尤為無理。袁良在北平頗有成績，似無易人之必要。（八）頃與敬之兄熟商蕭來電，既稱日方對宋頗有諒解，似可任為駐察綏靖主任。但此間所得消息，日方對宋尚要求免其軍長，所謂諒解殊未可必，此著應查明始辦理，以免一誤再誤。（九）蕭可任為蒙藏委員會副委員長，既得相當名義，並可往來京、察。（十）趙丕廉可調為國府委員，因此次啟予任河北主席，百川頗不滿，若以趙任府委，可使百川安心也。以上各點如以為然，乞即示覆，如由尊處電蕭囑其擔任更好，因蕭於弟等甚多誤會也。

弟兆銘。感印。

譯發
廿四年七月一日擬稿
一日下午六時核發
特急。南京汪院長尊鑒：
感電敬悉。□密。宋之駐察綏靖主任暫時不能發表，平市亦不宜畀蕭，調趙為府委、以蕭繼任蒙藏副長是亦一法。容弟電徵蕭意見，再行另覆。

弟中正叩。先西秘蓉。

002-080103-00022-001-065a~068a

■ 1935 年 6 月 27 日

吳鼎昌電楊永泰稱據聞宋哲元部不願退出華北

24 6 27

天津

2901

成都楊暢卿秘書長鑒：

柁密。呈委員長賜鑒：宥電計達。頃聞宋部不願退出華北，正與日方接洽，仍分住〔駐〕察、平、保，並希望中央予宋以冀察綏靖主任名義。日軍方面認宋非國民黨軍系，且軍隊比較有力，逼走費事，樂得利用，似有諒解。

吳鼎昌叩。感。

002-080103-00022-001-080a

■ 1935 年 6 月 27 日

蕭振瀛電蔣中正奉中央訓電准接受察省張北事件對日外交日方所提條件當即由秦德純履行書面上之手續交涉遂告一段落文電日報表等二則

來電號次：2775

姓名或機關：蕭振瀛

地址：天津

來電日期：感

來電摘要：

察省對日外交，日方所提條件：（1）延慶、龍關以東及北至康保之線，由保安隊維持治安，不駐正式軍隊，日軍亦不得侵入。（2）各級黨部停止活動。（3）由我方口頭道歉。（4）停止山東向察省移民。（5）在二星期內，將以上條件履行完成。該條件內容經電中央請訓，昨晚奉到中央訓電，准予接受，當即由秦德純遵中央訓電，履行書面上之手續，交涉遂即告一段落。

擬辦：

擬復悉。

批示：

悉。

002-080200-00454-125

■ 1935 年 6 月 27 日

何應欽電蔣中正據秦德純電稱日方勉予同意將各機關正式名稱抽離協議書另備函件記載現擬召集常會通過後即行辦理決解察事

24 年 6 月 27 日

自南京發

號次：2745

成都委員長蔣：

宥戌電計達。○密。頃接秦德純、鮑文越〔樾〕感三時電稱：「宥十九時半電謹悉，即請陳覺生、雷葆康兩兄往晤土肥原，土仍堅持非有『中央、東北、憲兵、藍衣

社、國民黨部』等字不可。土謂此係彼方要求主眼所在，如果刪去等於無意義，爭執再三，屢瀕決裂，最後彼始允將此條抽出，由我方另備函件文為『逕啟者：關於張北事件，閣下所提第二條解散一切排日機關一項，本省政府業於本月廿五日悉予解散完竣，特此通知，即希查照。此致關東軍代表、陸軍少將土肥原賢二閣下。察哈爾省政府暫代主席秦德純』等語。此函與前函一齊限於感晨十時以前送達，茲定明晨八時召集常會報告並通過後，即行辦理，內容大體尚未違反鈞電特別指示之件。察事交涉至此，容可告一段落，詳情續呈」等語。謹聞。

職應欽。感辰秘印。

002-090200-00020-137

■ 1935 年 6 月 27 日

何應欽電蔣中正接鮑文樾秦德純電稱察省張北事件交涉遵照中央最後回訊作最後討論並與對方作最後磋商決定答覆二便函之內容等文電日報表

來電號次：2547

姓名或機關：何應欽

地址：南京

來電日期：感（亥秘）

來電摘要：

經商承汪院長電囑志一、紹文將致土肥原函中「排日機關」四字改為「足以妨害中日關係之機關」十一字，旋接志一等復電謂：「此點業經軍分會今晨常委會改正，與所示意旨相同」等語。頃接志一、紹文感十三時電稱：「察事交涉，今晨開常委會，遵照中央最後回訓作最後討論，並與對方作最後磋商，決定答覆二便函：（甲）第一函原文：逕啟者，本省政府茲本中日親善之旨，對於土肥原閣下六月二十三日所提事件奉復如次：（1）本省政府對於六月二日在張北發生事件甚表遺憾，並已將事件責任者予以撤職處分。（2）本省政府對於貴方認為足使邦交發生不良影響之機關予以撤銷。（3）本省政府對於貴國在察哈爾省境內之正當的行為予以尊重。（4）本省政府將由河北省之昌平經本省之延慶、大林堡至長城之連線以東地域，及由獨石口北側沿長城經張家口北側至張北縣南側止之線以北之察省地域內之宋軍部隊，移駐於其西南方地域。其撤退區域內之治安，由察省保安隊維持之，軍隊不得進入。上述第二、第四兩項自六月二十三日起，於兩星期內實行完了，右致關東軍代表陸軍少將土肥原賢二閣下，中華民國察哈爾省政府暫代主席秦德純。中華民國二十四年六月二十四日。（乙）第二函：逕啟者，本省政府對於山東等移民事，恐惹起中、日間之糾紛，當努力使其中止，特此通告，即希查照，此復，上下款日期同前。（丙）本日十一時，由德純偕雷葆康、陳覺生往晤土肥原於日館武官室，高

橋亦在座，面交上述二函，略表遺憾之意，並口頭說
明責任者為132師參謀長馬潤昌、軍法處長楊式謙，已
予撤職處分，旋聞談半小時而退。（丁）雙方約定對
新聞界表示三項：（一）處罰責任者。（二）互相諒
解，以後不發生此項誤會。（三）交涉圓滿解決云云。
察事交涉至此告一段落」等語，謹聞。

擬辦：

擬復悉。

批示：

如擬。

002-080200-00454-137

■ 1935 年 6 月 28 日

何應欽電蔣中正豐臺擾亂為某方勾結漢奸及軍閥

24 6 28

南京（無線）

2874

成都委員長蔣：

哂密。邇來平、津形勢日趨複雜，漢奸反動躍躍欲試。
昨夜豐臺便衣隊之擾亂，即其醞釀之初步，以後類此
之事難免不接踵而起。職意認為，與其某方勾結漢奸
及過去軍閥、政客，組織所謂華北新政權，毋寧即以
明軒為駐平綏靖主任，使負北平、察省軍事治安之責，

而於相當時期內即將軍分會撤銷，原屬分會主管之人事、經費等項分別撥歸軍委會、軍政部主辦。至政治，則冀、魯、晉、察、綏及平、津、青島各省市直接歸屬行政院，取消駐平政務整理委員會。兩會撤銷以後，日方所認為可以交涉之對手既不存在，其外交方式或可轉向我中央接洽，減少地方事件之口實。且明軒人尚忠誠，頗識大體，鈞座力加拔擢，崇其位置，必知感激圖報，較之吳佩孚或其他不相干之人出而維持，似為利多害少。如何之處？伏候鈞裁。

職應欽。儉申秘印。

譯發

廿四年七月一日擬稿

七月一日下午六時核發

限即刻到。南京鬥雞閘何部長敬之兄勛鑒：

儉午秘、儉申秘兩電均悉。0757密。此事關係重大，尚應從長計議。蓋既名為駐平綏靖主任，則冀省與戰區皆包括在內，則對外實多接觸，仍未能減少目標，實與軍分會存在無異。而對內則綏署與戰區暨省府之權限必多糾葛，又與政整會之存在無異。故駐平綏靖主任之設置，不惟對內、對外皆無益處，且徒多糾紛，轉為對方造一壓迫挾持之對象。以明軒性情之忠誠耿直，必不甘長期忍受外人之侮辱，則最後必仍蹈此次華北事態之故轍，而更形慘酷狼狽當可想像，而知絕難久安其位。故為國家之利害得失，為明軒個人及為愛人以德之道義計，此舉似皆不相宜，尤與中央欲使

華北組織簡單化，撤銷軍、政兩會以減少外人目標之
方針適得其反，請兄再詳加考慮，電復為盼。

中正。東戌秘蓉。

002-080103-00022-001-070a~073a

■ 1935 年 6 月 28 日

何應欽電蔣中正袁良調任天津市長並可以蕭振瀛繼長平市

24 6 28

南京（有線）

2848

特急。成都委員長蔣：

哂密。極秘。前電袁文欽兄，以調任天津市長事徵其同
意。據其復電表示，以兩年來出長平市心力交瘁，亟欲
乘機讓賢，藉獲休養；而廿九軍方面人士頗有推薦蕭仙
閣兄繼長平市者，仙閣亦自告奮勇。職意仙閣於廿九軍
中素喜多言，明軒兄之行動多出其主張，可否即以平市
長畀之，以示羈縻之處？敬乞密示。

職應欽。儉午秘印。

譯發

廿四年七月一日擬稿

一日下午七時核發

限即到。南京鬥雞閘何部長勛鑒：

儉午秘電悉。0757 密。宋之駐察綏靖主任暫時不能發

表，已另電詳，平市亦不宜畀蕭。汪先生擬調趙丕廉為國府委員，以蕭任蒙藏副長是亦一法，容即電徵蕭之意見再另覆。

中正。先戌秘蓉。

002-080103-00022-001-086a~087a

■ 1935 年 6 月 28 日

鮑文樾電蔣中正豐臺暫被少數亂匪竊據已派部隊夾擊立予撲滅以遏亂萌等文電日報表

來電號次：2529
姓名或機關：鮑文越〔樾〕
地址：北平
來電日期：儉（五時卅分）
來電摘要：
頃由北平電報局扣得由豐臺用電話傳來之通電一件，原文如下：「華北各省市府、各軍師旅團長、各法團、各報館、各公使館、各領館、各國駐屯軍，劉汝明、馮治安、張自忠、趙登禹各師長等鈞鑒：自國民黨專政，我華北受塗炭者八載於茲，言民則水深火熱，言軍則南優北酷。同一國籍之下，獨陷我北方於奴隸不復之境。凡有血氣，無不痛心！既開空前之國難，復啟京津之外釁，若任逆黨壓迫，我華北袍澤行將陸續摧殘，同歸於盡。積憤填膺，忍無可忍。茲經全軍議，公推白公堅武為正義自軍總司令。白公偉謀碩畫，必能抵抗國賊，消

除逆黨，外敦友邦之信義，內拯華北之淪胥。西栖等首
義之日，一切惟白公之命是從，勢不與逆黨共戴一天。
所望父老軍民同聲響響，但使志願得伸，北人得蘇，雖
死之日，猶生之年。其有不明大意、不知親仇、甘心附
逆與正義軍為敵者，即行率我同志健兒剪此兇頑，與國
人共棄之。披瀝呈詞，伏維公鑒。（總指揮、軍長、師
長等名詞從略）1C 張耀唐、1A 王鐵相、2A 孫伯良、
3A 劉士林、5D 夏子明、6D 周毓英、3C 劉汝明、4C
馮占海、5C 孫德荃、7C 張自忠、8C 黃光華；師長官
希子、張天童、李耕石；軍長鄧秀琦；師長祖耀時、劉
冠英、楊厚田、介子川、潘文良、賈翼熊、馬錫臣；
4A 段春澤；師長韓立齋、沈禮瑞、賈柴贊、喬潔篪；
8C 王雅堂、沈丹桂同叩。儉子印」等語。依現時情況
判斷，豐臺暫被少數亂匪竊據，待北平城再有所響應，
現平市戒備極嚴，亂匪無由得逞，已分別派遣駐北平之
繆師及駐西直門之鐵甲車並駐廊房之繆師部隊向豐臺夾
擊，立予撲滅，以遏亂萌。

擬辦：

擬復悉。

批示：

悉。

002-080200-00454-121

■ 1935 年 6 月 28 日

王揖唐電蔣中正稱宋哲元應優獎吳鼎昌備諮詢從旁協助

24 6 28

急。成都

2926

蔣委員長賜鑒：

唐密。宥電敬悉。豐臺平靜，危機仍多，廿九軍馮師由張開抵北平後足資鎮懾。一、宋哲元應注意優獎云云，電京給以相當名義，以安其心。一、兩會仍舊貫善後事，吳必從旁力助。一、華北事吳君鼎昌可備諮詢。餘航快詳。

揖唐。勘印。

002-080103-00003-004-161a

■ 1935 年 6 月 29 日

蕭振瀛電蔣中正稱豐臺匪擾軍分會已調廿九軍一師協防故治安無慮

24 6 29

北平

2998

急。成都委員長蔣鈞鑒：

○密。北平市面因儉晨匪擾豐臺，砲擊城內，人心震

恐。軍分會議決令調廿九軍一師來協防，現已遵令開
到，治安無慮。山本交涉解決後一切諒解，或可相安
一時。併呈鈞注。

蕭振瀛叩。豔申印。

002-080103-00018-002-020a

■ 1935 年 6 月 30 日

何應欽電蔣中正已電秦德純蕭振瀛等須防日人使我入圈套授彼以口實

24 6 30

南京（無線）

2965

急。成都委員長蔣：

本日致紹文、仙閣、靖原等豔已電文曰：「哂密。唐圭
良兄到京已晤談，關於明軒兄名義，中央為鄭重計，認
為應加考慮之點有二：（一）河北問題現尚未了，日方
必欲使我用覺書答覆者，其意不重在覺書之本文，而重
在其附件。查附件第一項『有使中日關係不良之人員及
機關勿使從新進入』，第二項『任命省市等職員時，希
望容納日本方面之希望任用，不使中日關係成為不良之
人物』云云。此為我方所最不能接受者，故覺書問題至
今懸而未決。若我方於此時發表明軒兄之名義，日本若
有異議，於我中央威信、國家體面均大有損，彼時明軒
兄等進退亦將極感困難。（二）日本軍人各為主張、各

顯身手，其意見極不一致，酒井、高橋之言不盡能完全代表日方。前次松井對於張北事件所提條件本屬容易了結，但土肥原到津、到平後，情勢復變嚴重。明軒去職，趙師調防，猶不足饜日方之要求。又河北問題自于孝侯調職後，日方猶認為不滿，謂為我方無誠意之表示，雖未正式提出，足見日人之不易與。此種情形，兄等當極瞭然。故日方真意何在，絕非高橋、酒井一、二人口頭表示即能認為可靠。此點關係極重，須防日人故作圈套，使我自入圈套，授彼以口實也。弟於明軒兄與諸兄相知既深，關懷尤切，際茲國家艱危，尤賴互相維持，共濟同舟，但事實當前亦不能不縝密考慮，穩健進行。一著之錯，全局均輸，過去經驗實值得吾人處處留神也。中央多數同志之意，對明軒兄名義擬俟河北事件之覺書問題解決，確知關東軍及東京軍部均無異意後，再為斟酌時機，決定發表，方覺穩妥。諸兄明達，定必瞭然，並乞就近密告明軒兄及廿九軍高級將領暨諸同志為盼」等語，謹聞。

職應欽。豔戌秘印。

002-080103-00022-001-089a~091a

■ 1935 年 6 月 30 日

何應欽電蔣中正請調宋哲元為平綏靖主任及蕭振瀛為北平市長

24 6 30

南京（無線）

2996

成都委員長蔣：

哂密。極密。察省張北事件已告解決，對於北方大局勢宜亟謀安定。商啟予與各軍感情並不十分和好，故軍事方面宜由宋明軒多負責任，擬即以明軒為駐平綏靖主任，統轄察省及北平附近駐軍；蕭仙閣為北平市長。津沽保安司令名義擬即撤銷，天津附近仍以卅二軍之一部駐防，其一部則駐防保定及其附近。至豔戌電所陳對明軒駐平顧慮兩點，目下似無問題。蓋日前因豐臺匪擾，分會曾決議調馮治安師進駐北平近郊鞏固防務，日方對此並無異議也。可否之處，敬乞迅予核示，以便遵辦，俾免貽誤。

職應欽。卅巳秘印。

譯發

廿四年七月一日擬稿

一日下午二時核發

特急。南京鬥雞閘何部長勛鑒：

卅秘巳電悉。3251 密。宋、蕭事暫緩待詳議。

中正。東申秘蓉。

002-080103-00022-001-075a~076a

■ 1935 年 6 月 30 日
**何應欽電促蔣中正裁示宋哲元為平綏靖主任及
蕭振瀛為北平市長**

24 6 30

南京

3011

即到。成都委員長蔣：

卅巳秘電計達。渝密。明軒等名義須從速發表，以免奸
人挑撥。前電所呈擬任明軒為駐平綏靖主任，蕭仙閣為
北平市長一節可否？乞立即裁示。

職應欽。卅酉秘印。

002-080103-00022-001-078a

■ 1935 年 6 月 30 日
**何應欽電蔣中正日方態度好轉交涉解決如早發
表人事已定北局**

24 6 30

南京（無線）

3022

特急。成都委員長蔣：

豔戌、卅巳兩電計達。頃接紹文等卅卅電稱：「渙密。
豔巳電奉悉。鈞座對於宋公名義仍慮日方為難，蓋籌審
慎，曷勝敬佩。惟察事交涉，鈞座入京後，日方態度好

轉，交涉解決一切均已諒解。所有由戈處長轉示鈞座擬
定之方案，純等密徵日方完全同意，絕對不生問題。請
即如擬發表，早定北局」等語，謹電鑒核。

職應欽。卅申秘印。

002-080103-00022-001-094a

■ 1935 年 7 月 1 日

蔣中正電吳鼎昌解釋宋哲元不宜發表為駐平綏靖主任

譯發

廿四年七月一日擬稿

一日下午七時核發

特急。天津達兄：

2670 密。宥、感、豔三電均敬悉。兄已抵津，至慰。
明軒公忠體國，此次應付察事，毅然以國家利害為重，
不以個人進退介意，尤無愧軍人模範，中央決當妥加安
置。惟設置駐平之綏靖主任問題，似關係太複雜，尚應
從長計議。蓋既名為駐平綏靖主任，則冀省與戰區皆包
括在內，則所多接觸對外仍未能減少目標，實與軍分會
存在無異；而對內則綏署與戰區暨省府之權限必多糾
葛，又與政整會之存在無異，故駐平綏署之設不惟對
內、對外皆無益處，且徒多糾紛，轉為外人造一壓迫挾
持之對象，與中央原議欲撤銷軍、政兩會，使華北組織
簡單化，減少目標之方針殊相矛盾。且以明軒性情之忠

誠耿直，必不甘長期忍受外人之侮辱，則最後必仍蹈此
次華北事態之故轍，而更形慘酷狼狽，實可想像，而知
亦絕難久安其位。故為國家之利害得失，為明軒個人及
為愛人以德之道義計，此舉似皆不相宜。況明軒所部張
自忠師業已調平，是拱衛北平不啻已由明軒負責，則與
其駐平即不如駐察，故發表駐察綏靖主任，使之事實上
控制北平則可。若發表駐平之綏靖主任，則有百害而無
一利矣。請兄略本上意就近往晤明軒，懇切洽談，詢其
意見，迅即電復為盼。以後兄處來電有線、無線均可用
水字掛號。宥電所陳各節容再另覆併聞。

中正。水。東申。

○○（注意委座名併譯密碼）

002-080103-00022-001-081a~083a

■ 1935 年 7 月 1 日
袁良電蔣中正稱蕭振瀛利用東北人之不滿散布謠言等

24 7 1

北平

B0520

即到。水。成都。○密。極密。請轉呈蔣委員長鈞鑒：
此次宋哲元被免職，蕭振瀛播弄是非，無所不用其極。
宋部調一師來平後，謠傳尤熾，又以商震改組省府稍去
東北人員，利用東北人之不滿，在外散布謠言，對記者

痛斥中央待宋之不平，揚言宋將任冀察綏區主任，當酌易地方官吏。聞彼擬自任平市長，平漢、平綏均易人，商震並予排斥，且將實行親日。且日方穩健派於鈞座素所尊重，惟青年軍人無時不思在華北樹立特殊政權，凡有實力甘於違背鈞座者均願合作。蕭某此種利用時機企圖私利之舉，甚易趨其貪心，為所策動，至為可慮。良意外侵尚可應付，如再有內訌為外人利用，危險尤甚。茲為釜底抽薪計，似應由鈞座敦促何敬之部長即日返平鎮攝〔震懾〕，一面藉故將蕭某調往成都，加以安慰，留住一時，則群疑自息，隱患可消。良素承獎重，時切知己感恩之念，此事關係全局，故謹據所聞，冒死上陳，乞鑒察密加奪裁，無任惶悚，並祈復示。

袁良叩。東戌印。

譯發

廿四年七月三日擬稿

三日下午三時核發

北平。袁市長勛鑒：

東戌電悉。5351 密。兄宜力持鎮靜，已電商敬之部長妥為處理矣。

中正。江西秘蓉。

■ 1935 年 7 月 2 日

何應欽電蔣中正可先發表蕭振瀛平市再發表宋哲元為駐平綏靖主任

24 7 2

京

3144

限即到。成都委員長蔣：

東申、戌先、戌三電均奉悉。○密。極密。蕭仙閣在廿九軍中為最好說話及發表主張者，聞前者曾蒙鈞座許以重用，今既有此機會，復自告奮勇，若不能滿其希求，必致心懷怨望。明軒比較忠誠樸實，除啟予外，各方對之尚有好意。但其一切行動多由仙閣代為主張，若不妥為安頓，恐至影響軍心。演變所及，或更使廿九軍與中央離心離德，則過去工作將付之流水。又秦紹文於廿九軍歷史較淺，為人雖較純正，宋、蕭位置未定以前，彼似不願即就兼代察主席之職。故為解決目前一切糾紛，使北方內部稍得安定計，擬准照卅巳電所陳核定辦理。至駐平綏靖主任名義，其管轄範圍僅限於察省及平市附近之駐軍，冀省及天津市附近之駐軍可於條例中明白規定不屬其管轄，或將津沽保安司令仍予保留亦可。外交方面據蕭、秦表示，與日方已有相當諒解，可無問題。如為顧慮周密計，可先發表蕭之市長，倘日方並無不滿表示，再發表宋為駐平綏靖主任或其他較為妥適之名義。鈞意如何？乞迅賜核示施行。

職應欽。冬未秘印。

譯發

廿四年七月四日擬稿

四日下午六時核發

特急。南京鬥雞閘何部長勛鑒：

冬未秘電悉。渙密。中已電約蕭來川，俟與蕭晤談後再說。

中正。支秘蓉印。

002-080103-00022-001-103a~105a

■ 1935 年 7 月 3 日

孔祥熙電蔣中正稱何應欽囑電商宋哲元任北平綏靖主任袁良另任用蕭振瀛為北平市長

24 7 3

南京

3206

成都蔣委員長：

〇密。頃敬之來訪，出示與兄往來各電，並囑電商吾兄：

（一）任宋明軒為北平綏靖主任，將察省及平市駐軍歸其指揮。（二）袁良另候任用，任蕭仙閣為北平市長。查宋之免職本為日所要求，現在對宋似又諒解，且據蕭電，馮治安師開駐北平，日滿意歡迎，其中關鍵似係蕭回平後與日人竭力拉攏之結果，日人又將轉而利用宋、

蕭。在目前發表宋、蕭位置，外交方面固已不成問題，
但華北情形複雜，日人侵略未已，宋、蕭如入彀中，日
受包圍，前途又將演成何種現象，實未可料。但一方面
如不遂其所欲，發生怨望，亦非國家之福，似不可不慎
重考慮，仍乞詳加酌奪，是為至禱。

弟熙叩。冬秘京二印。

002-080103-00022-001-111a

■ 1935 年 7 月 3 日
吳鼎昌電蔣中正稱宋哲元表明決不與外力勾結等

24 7 3

天津（無線）

3274

急（水）。成都。柁密。呈委員長賜鑒：
東、冬兩電昨深夜奉到。頃晤明軒婉達尊旨，明軒表示
三點：「（一）決保存其軍歷史光榮追隨委座，為國犧
牲到底，絕不與外力勾結。（二）二十九軍軍長名義足
資統率，予以新名義並不相宜，千萬不必計議及此。有
來陳說者，概係假借。（三）有彼軍在北方，石友三、
劉桂堂等絕不得逞，請委座放心」等語，囑昌轉達，並
對昌云「上語絕不相欺」。又云平駐一師已足敷用。昌
以個人之意詢問軍分會裁撤後，該軍應如何部屬，答此
事應從長計議，屆時另商承我公辦理。昌又詢蕭振瀛有
要平市長之說，確否？答彼實不知，但中央若予以安置

亦甚好，因蕭為公所知，且有勞績；惟平市長相宜否須
考慮，因其說話太直也。昌因云：「昌私意中央縱可予
以市長，亦宜在一個月後，不必過急，若有其他相當位
置更好。」明軒以昌意為然，昌因請其以後一切儘可隨
時直接逕電我公商承，渠慮公無暇閱電，或有洩漏。昌
答云：「昌可保其無，並即電公注意。」特聞。

吳鼎昌叩。江印。

譯發

廿四年七月六日擬稿

特急（五三九一）。天津達兄：

柷密。江電誦悉。明軒支電同到，詞意極懇切，就其
本身及華北善後問題亦略有陳述，大要如次：「（一）
迓請何部長對哲元萬勿發表其他名義，以減少敵方之
藉口，即以廿九軍維持察省及北平治安亦無不可，無
須再有他項名義。（二）北平仍以何部長北來坐鎮為
上，如軍、政兩會有合併之必要，而何部長一時不能
北上，似可以王代委員長克敏維持之。如軍、政兩會
取消，北平市長一職擬請以王司令樹常或鮑主任文樾
兼任，以安東北人心」等語，轉達參考。

中正。虞亥。水。
（委座名譯入密碼內）

002-080103-00022-001-125a~128a

■ 1935 年 7 月 3 日

何應欽電蔣中正稱先發表蕭振瀛為平市長再發表宋哲元為平察保安司令較妥適

24 7 4

南京（無線）

3275

特急。成都委員長蔣：

哂密。極秘。蕭仙閣之為人，鈞座當已盡知。此次謀長平市已成公開之祕密，倘不能如願以償，以後對於中央、對於鈞座必至心懷怨望，其影響於廿九軍、於中央之關係尤鉅。且仙閣云此次晉謁鈞座時，鈞座曾告以廿九軍不可調離察、冀云云，職意對於該軍及宋、蕭均宜妥為安置，今後方能運用裕如。若鈞座不贊成予宋以綏靖名義，則先發表蕭為平市長，隨後再發表宋為平察保安司令或其他更為妥適之名義，均無不可。蓋明軒較明白忠誠，祇要蕭有安頓，便不至多作主張也。可否之處，仍乞早賜核示。詳情並請面詢季寬兄。

職應欽。江戌秘印。

譯發

廿四年七月四日下午十二時核發

急。南京鬥雞閘何部長勛鑒：

江戌秘電悉。○密。蕭已定下星期一由平來蓉，俟與晤談後再定。

中正。尾秘蓉。

002-080103-00022-001-107a~109a

■ 1935 年 7 月 4 日

王克敏電楊永泰告以宋哲元藉口不辭並與日人協商預定計畫及東北萬福麟軍已向保南撤退與蕭振瀛請政府力保等情

24 7 4

漢口

3012

成都楊秘書長。轉譯平電：

「箬密。楊秘書長暢卿先生勛鑒：宋軍見河北兵單動心，借口宋不辭而免，故作激語，一面與日人協商，照預定計畫假感晚事變為名，不知如何運用軍分會通過調馮治安師來平，僅五鐘許已到兩團，現九團均到，查係平綏段副局長宗林感晨即調車十六列備用。東北萬軍已向保南撤退，南苑商軍不多。日來種種方法，總欲達宋綏靖冀察、蕭長平市之目的。仙閣前午親來請弟電政府力保，謂弟地位應作是言，惟與成都無密本，向未通電。汪病赴滬，電恐無效，但仍請求不已。聞蕭不日飛蓉，不能不先將情形奉告，實則敵方對之縱其所為，以造機會。此間各施奇策，苦於應付，終必由內爭而釀外患也。希賜密本，以備有事報告。王克敏叩。支。」等語。

弟陳延炯叩。支亥。

002-080200-00235-085

■ 1935 年 7 月 4 日

宋哲元電蔣中正陳述華北局勢及措置辦法

24 7 4

天津

3273

即刻到。成都委員長蔣鈞鑒：

苪密。昨晚吳達銓〔詮〕先生來津晤談種切，蒙鈞座垂
念殷拳，莫名感篆，並諗外間謠諑繁興，聳人聞聽，此
漢奸輩慣用挑撥離間之手段，諒鈞座明察無遺，定不置
信。哲元受鈞座知遇之恩，蒙國家付託之重，感奮圖報，
無時或忘。雖自知才力棉薄，而服從中央意旨、仰副鈞
座期望之志耿耿血誠，無渝終始，此又鈞座所諒者也。
目前判斷華北局勢及今後之措置辦法，謹就所見粗陳如
左：1. 敵人以種種顧慮，最近絕不用兵力攻取華北。
2. 漢奸如石、劉、白等等既無基本力量，僅能小規模之
擾亂，絕無成事之可能，不足為慮。3. 送請何部長對哲
元萬勿發表其他名義，以減少敵方之藉口。即以二十九
軍維持察省及北平治安亦無不可，無須再有他項名義
也。4. 北平仍以何部長北來坐鎮為上，如軍、政兩會有
合併之必要，而何部長一時不能北上，似可以王代委員
長克敏維持之。如軍、政兩會取消，北平市長一職擬請
以王司令樹常或鮑主任文樾兼任，以安東北人心。以上
所陳，敬備鈞察採擇。總之，華北目前雖無大慮，而未
來隱患必不可免。鈞座扶危定傾，與敵不兩立，哲元只

知追隨鈞座赴此艱屯，其他非所願也。微恙已漸痊，可
閉門養靜，非部屬概不接見，一切請釋廑念。謹電奉
聞，伏維鈞鑒。

職宋哲元叩。支印。

譯發

廿四年七月六日擬稿

六日下午九時核發

急。南京鬥雞閘何部長敬之兄勛鑒：

渙密。關於明軒名義問題，前託吳達銓〔詮〕就近探其
本意，茲接其支電稱外間謠諑請勿置信，並陳四項如
次：「（一）敵人以種種顧慮，最近絕不用兵力攻取華
北。（二）漢奸如石、劉、白等既無基本力量，僅能小
規模之擾亂，絕無成事之可能，不足為慮。（三）送請
何部長對哲元萬勿發表其他名義，以減少敵方之藉口，
即以廿九軍維持察省及北平治安亦無不可，無須再有他
項名義。（四）北平仍以何部長北來坐鎮為上，如軍、
政兩會有合併之必要，而何部長一時不能北上，似可以
王代委員長克敏維持之。如軍、政兩會取消，北平市長
一職擬請以王司令樹常或鮑主任文樾兼任，以安東北人
心」等語，同時復得達銓〔詮〕江電謂明軒表示三點：
「（一）決保存其軍歷史光榮，追隨為國，犧牲到底，
絕不與外力勾結。（二）廿九軍長名義足資統率，予以
新名義並不相宜，千萬不必計議。及此有來陳說者，概
係假借。（三）有彼軍在北方，石友三、劉桂堂等絕不
得逞云云。關於蕭振瀛要平市長事，吳詢明軒，答彼實

不知，但中央若予以安置亦甚好，惟平市長相宜否須考
慮，因其說話太直也。吳云私意中央縱可予以市長，亦
宜在一個月後，不必過急，若有其他相當位置更好。明
軒以為然」等情，轉併轉達。

中正。虞秘蓉。

002-080103-00022-001-117a~122a

■ 1935 年 7 月 4 日

何成濬電蔣中正報告日本未要求撤換宋哲元等華北政情

漢口

3404

特急。成都委員長蔣鈞鑒：

○。頃得北平關係方面報告：「（一）前在通縣捕獲參
加匪黨工作之日人四名，移交日領署後，已由駐屯軍解
回東京。北平便衣隊首領劉某已於冬日在地安門捕獲，
匪黨鐵甲車隊長殷春澤昨在衛成部供出旁人甚多，現已
將其執行槍決。（二）土肥原向人表示日本確未要求撤
換宋哲元，華北此次免宋，係出於殷同之誤解，自屬捏
詞挑撥，但廿九軍方面態度甚激昂，蕭振瀛直接電孔院
長要求『迅速任宋為冀察綏靖主任，如再遲延，二十九
軍全體官兵即悉數辭職』等語。昨夕蕭曾親口向人云：
『殷同賣國求榮，為華北之巨奸。我二十九軍既來平維
持治安，對驅除漢奸絕不顧忌』，對殷同大有欲得而甘

心之慨。（三）程克前日就天津市長職，禮盡未懸黨
旗，舉行禮式時亦未讀總理遺囑，日武官極為高興。
（四）二十九軍對政整會頗憤恨，王克敏正託人向蕭振
瀛疏解。北平市長最後或屬蕭，馮夫人李德全前日化裝
赴津面慰宋哲元」各等情，以上似多足供參考之處，諒
鈞座已有所聞也，特呈。

職何成濬叩。支廳。

002-080103-00022-001-145a~146a

■ 1935 年 7 月 5 日

何競武電蔣中正稱何應欽早日北回為最上策蕭振瀛不適任北平市長

24 7 5

南京

3371

特急。成都委員長鈞鑒：

渙密。職因軍分會同仁公推到京，請敬公北上在津與明
軒晤商渠之出處。渠意惟有敬公早日北回支持現狀為最
上策，華北已無多部隊，廿九軍萬不可再自動南開；若
予崇高名義，轉遭日忌。明軒忠誠為國，最好鈞座請其
入蜀一談。蕭仙閣四出招搖，思攫北平市長，不曰鈞座
面許，即曰庸之已允，最近復散布謠言。其實廿九軍聲
譽日隆，豈能為蕭一人利用？平市即欲易人，職意門致
中品學俱優，亦較蕭為妥。

職何競武。歌印。

002-080103-00022-001-132a

■ 1935 年 7 月 5 日

何應欽電蔣中正稱商震云最好設法調宋哲元入川勿令返華北等

24 7 5

南京（無線）

3359

成都委員長蔣：

頃據商啟予兄豪秘電稱：「頃據何教育廳長基鴻面談。律密。轉據其胞弟何基澧現充卅七師旅長者密告，當廿八日夜之豐臺事變突起時，接蕭振瀛電囑率部輕裝迅速開平，問以事故，亦未明告，而路局車輛已備，遂即開平，途中遇馮師長，始知豐臺之變，抵平後與蕭見面，萬國賓亦在座。蕭力主乘機驅袁文欽，並為明軒要名義。明軒等對此等舉動不肯同意，萬亦不表贊成。當時蕭對萬大不滿，謂此時不應再聽張漢卿指揮，萬頗與爭辯。翌日復開會議，多數軍官咸認此時不宜自起紛擾，更不願幫蕭個人要脅位置。蕭因所謀未遂，乃赴張垣向卅八師煽動，但蕭與張師長自忠素不和，可斷其無成功之望。又云該軍一般軍官多知擁護中央，不至為宵小所動，特擬請為轉電中央，表示忠悃等語。如其所言，廿九軍軍官多數尚明大義，當不至遽有軌外行動。袁文欽

治平年餘，成績卓著，尚乞轉向汪院長說明，幸勿輕為
人言所動，力予維持。至蕭之為人氣浮而望奢，屢作種
種策動，明軒每受其利用，久留華北，殊匪所宜。震意
最好能由委座設法將其調川，勿令遽返華北。此時蕭因
所謀處處碰壁，不好下臺，調其遠離，似較容易。可否
之處，伏乞轉商辦理為禱」等語，謹聞。

職應欽。歌午秘印。

002-080103-00022-001-134a~135a

■ 1935 年 7 月 5 日

**何應欽電蔣中正稱為廿九軍與中央發生隔閡仍
宜予蕭振瀛相當位置**

24 7 5

南京（無線）

3349

成都委員長蔣：

哂密。極秘。何競武兄由平來京，談及蕭仙閣之謀長平
市，並非廿九軍一般之意見，即明軒兄亦無此意云云。
但蕭之為人好為放言高論，其性情諒為鈞座所深知。職
前此迭電主張之彼長平市者，蓋恐不能滿其欲望，時致
廿九軍與中央發生隔閡也。現鈞座已電約仙閣入川晉
謁，惟既不能以平市長予彼，亦必設法另予相當位置，
或即任為蒙藏委員會副委員長，以示羈縻。至平市若須
易人，則以另覓一與廿九軍有深切關係之人（如門靖原

等）充任較為相宜。鈞意如何？乞示。

職應欽。歌巳秘印。

譯發

廿四年七月七日擬稿

七日下午七時核發

南京鬥雞閘何部長勛鑒：

歌午秘電及歌巳秘電均悉。渙密。現在平市不宜易人，
蕭之安置問題俟其到川面談後，再談可也。

中正。虞酉秘蓉。

002-080103-00022-001-137a~138a

■ 1935 年 7 月 5 日

吳鼎昌電蔣中正稱宋哲元謠諑已息等

24 7 5

天津

3594

成都。柁密。呈委員長賜鑒：

江電計達。宋事謠諑已漸息，以後一切直接與明軒電
商，免人乘機做買賣，自可少事。金融情形十分嚴重，
公知之否？昌本日赴北戴河海濱小休，謹聞。

吳鼎昌叩。歌。

譯發

廿四年七月十二日擬稿

十二日下午七時核發

特急（五三九一）。天津吳達詮先生：

桴密。歌電刻始接讀，先生何日回津？前請游東之意，
未知能隨時成行否？

中正。文秘蓉（譯密碼）。水。

002-080103-00022-001-154a~155a

■ 1935 年 7 月 7 日

陳延炯函楊永泰華北政局各方動態關於白堅武叛亂事吳佩孚與宋哲元難謂不知及請何應欽速回北平主持以防生變等文電日報表

姓名或機關：陳延炯

地址：北平

來文日期：七月七日（函）

來文摘要：

上月初，華北風雲陡起，恐平漢北段無人主持，即來平略事準備，目擊廿八日晨之變，僅略陳見聞一二：

（甲）廿八日之變——出面者雖由白堅武，然蛛絲馬跡恐吳氏不能謂絕對無聞，即宋氏左右恐亦難免。又聞日方係滿洲特務機關長大白氏主持，為土肥原、酒井等所不贊同。土之意欲挾西南、魯晉並舊西北軍同時舉事，以去黨倒蔣相號召，最少亦得華北成一特別區域。其經過想已有確報，但有數事須注意者：（一）此次變亂迅滅，全得力於公安局事先預密準備，（主動機關似係在六國飯店及順成王府）城內不能響應，在軍隊開到以

前，能極力抵禦。（二）軍隊出動甚緩，迨王叔魯懸賞二萬元方努力應戰。（三）馮師開到非常迅速，非事前早有準備，必難辦到。（乙）商震——環境極劣，于孝侯對彼大為不滿，宋萬恐亦難與合作。日軍部中人與商原最接近，惟近來日人態度似稍變，叔魯曾言土肥原數日前在津約商之秘書長劉繼昌往談，謂河北情形複雜，不易應付，商主席對此有何辦法，劉不能答。土續稱：商來津已逾半月，未見有何辦法，倘無相當把握，河北不如不就為妙云。如因商係軍人，非日軍部所希望，故作威嚇之忠告，則問題尚簡單。倘係改變對商、宋之態度，或從中挑撥離間，則形勢極可慮。（丙）萬福麟——外間傳說雖多，不甚可靠，惟不能忘情於河北主席想係事實。近對各方表面均頗圓滿，似無若何野心，原因恐不出下列數點：（一）萬之財產數豐，故不欲妄動，近日人又將彼在東北之產業交還。（二）現駐華北軍隊祇宋、商、萬三部，兵數略等，如宋、商決裂，彼大有舉足輕重之勢，故暫取旁觀態度。（三）遵奉張主任之意志，事事聽命中央。但東北軍將領現對中央處置不甚滿意，係不可諱之事實。萬個人即使深明大義，其部屬未必皆有國家思想，故中央恐亦不能過於忽視。（丁）宋哲元——據津來密報，謂彼常與石敬亭、高樹勛、鹿鐘麟、孫良城等密會，與馮常通信息，曾派宋某赴太原。此報雖未可確信，惟彼倘能以國事為前提，理當馳赴京、川報告，不應稱病匿津。又何克之要求王叔魯電請中央委宋為冀察綏靖主任、蕭長平市，謂已得

日軍部同意；又謂如叔魯不允照辦，將有如民十三同
樣不幸事件發生，大有威迫意。（戊）日人方面——
自此次交涉結束後，方針似稍變更，對華北改取挑撥
手段，使我內部發生糾紛，為彼外交上之藉口。其對
我侵略之方法與步驟，外務省與軍部意見不同，而最
近關東軍與陸軍省及參部亦趨舍不一。倘我不能善用
時機，則適足加重我應付之困難。以上報告各點，皆
係切於事實。至華北局面，岌岌可危。如華北政局生
變，則魯、豫及黃河以北各省均受威脅。竊為目前最
急要者，宜請何部長立速回平主持，同時竭力防止華
北方面有新政治局面發生。
擬辦：
呈閱（此係致職函）。

002-080200-00455-200

■ 1935 年 7 月 7 日
蕭振瀛電蔣中正稱日來挑撥造謠傾陷者恐不能免

24 7 8

北平

3528

成都行營毛秘書慶祥兄鑒：

〇密。親譯，呈委員長蔣鈞鑒：此間一切，必待謁陳，
因航機損壞，異常焦灼。日來各方進言，其為北方大局
事〔勢〕上著想者固自有人，其為挑撥造謠傾陷者恐亦

不免。惟宋前主席赤誠報國，及振瀛之愚忱，久蒙洞鑒。最近豐臺匪變，本軍奉命來平，人心以安，而造謠者竟有以企圖權利相誣。是非離奇，不可思議。當此國家多故，苟利於國，固應不惜犧牲，仰副鈞座宵旰憂勤之意。如以安頓本軍為詞，有所擬議，是陷本軍於負國家且負鈞座之地。風聞所及，殊為寒心，想我鈞座必能明察萬里也。除待機航謁外，謹特電先陳。

蕭振瀛。陽巳印。

譯發

廿四年七月十一日擬稿

十一日下午六時核發

急。北平蕭委員仙閣：

陽巳電悉。苅密。航機修復，盼來川面詳。

中正。真秘蓉。

002-080103-00022-001-149a~150a

■ 1935 年 7 月 9 日

孔祥熙電蔣中正稱應設法安置蕭振瀛已安其心

24 7 9

南京

3670

成都。蔣委員長：

〇密。北方情形複雜，即日人方面亦復意見紛歧。應付

不慎，仍虞糾紛。蕭仙閣亟應設法位置，以安其心。如
此時置之北方有所顧慮，尚不若納之中央較為妥善。因
蕭久思部缺，倘使夙願得償，或更感激圖報也。如何？
仍祈尊酌。

弟熙叩。青京秘印。

002-080103-00022-001-157a

■ 1935 年 7 月 12 日

陳韜電楊永泰告以高橋坦派劉秀山赴察見劉汝明使其反對宋哲元就職及蕭振瀛請劉士林赴察疏通等情

24 7 13

北平

3069

成都。寧密。暢公鈞鑒：

頃據第一號偵探報告：（一）高橋密派劉秀山（曾充青
海省府秘書長）赴察見劉汝明師長，使其反對宋就新
職。（二）蕭振瀛前請劉士林赴察疏通劉汝明等，使其
對於蕭之主張勿誤解，未得要領。劉祇寄語宋云：「勿
被少數人所包圍，使全軍陷入困境。」據第三號偵探報
告：（一）白崇禧之代表酈邦典於魚日抵津，住陸宗輿
宅，視察華北各實力派對於中央向背若何。（二）李濟
琛之代表方羽住大和旅館四號，化名為石田健大〔太
〕郎。（三）日前赴平與二九軍參議王振剛作長夜之

談，渠在青充膠防司令部參謀長時，與韜至為相契，且結有金蘭之誼（渠與秦亦盟兄弟）。據云中央對二九軍似過於敷衍，以韜愚見，對於權利問題中央若既已許之於前，亦不可失信於後；惟嗣後似宜裝聾作啞，故示鎮定，以免反著痕跡，為好亂者藉為口舌作離間之資。總之，華北各將領實缺乏指導之領袖，即有舉動，亦難收充分之效果。若兩粵無事，尤無問題。

陳韜叩。文印。

002-080200-00238-029

■ 1935 年 7 月 14 日

何應欽電蔣中正稱平津現無比較可靠部隊將廿九軍駐察冀以資鎮懾等

24 7 14

代電

4130

成都委員長蔣：

哂密。宋、蕭名義延未決定，明軒本人雖明大義，然其部屬不盡明理之人，恐因此或不免受人挑撥利用。如鈞座認為蕭長平市不相宜，則即以彼任察省主席，調秦為市長。平、津現無比較可靠部隊，廿九軍留駐察、冀亦足以資鎮攝〔懾〕。如明軒駐平綏靖主任名義不甚妥適，則應發表其他何種名義方為適合之處，並乞迅賜核示。

職應欽。寒午秘印。

002-080103-00022-001-161a

■ 1935 年 7 月 14 日

何應欽電蔣中正稱宜早日發表宋哲元綏靖主任並發表蕭振瀛任市長

24 7 14

南京（代電）

4133

成都委員長蔣：

哂密。頃接平分會某君函稱：「綜合目前情況，宋、蕭、秦雖為自立計，不無種種打算，而對中央、對委座之向心仍極堅苦。北方國防空虛，為大局計想，亦須留廿九軍於此，且應在人事上予以遷轉調節。彼等認外交業已圓通，袁良又已辭職，中央對內、對外應無顧慮。若靳而不予，又無其他安撫方法，則勢之所至〔致〕，將由信仰而疑懼、而徬徨。日人挑撥於外，西南策動於內，誠非大局之福。當今之計，最好能將前定宋、蕭、秦名義即予同時公布，否則亦宜先發表宋之綏靖主任，最低限度亦應先將蕭之市長發表，或使蕭、秦對調，方足以安軍心、定北局，不宜久延也」等語，謹電參考。

職應欽。寒秘印。

譯發

廿四年七月廿日擬稿

廿日下午十二時核發

南京鬥雞閘何部長勛鑒：

寒秘電悉。

中正。馬秘蓉。

002-080103-00022-001-171a～173a

■ 1935 年 7 月 15 日

**吳鼎昌等電蔣中正由於閻錫山韓復榘對日本早
有諒解故對其宜示信任並囑託維持華北局面隨
時陳述意見及設法對宋哲元部妥為善後等文電
日報表等二則**

來電號次：4039

姓名或機關：吳鼎昌

地址：天津

來電日期：刪

來電摘要：

文電敬悉。昌隨時均可成行，惟步驟須預定。昌宥電所
陳「甲、對華北：（一）閻、韓對日方早有諒解，韓尤
接近，公對兩人宜示以信任，並囑託其維持華北局面，
隨時陳述意見，免其發生疑慮，藉保統一，以待機會。
（二）對宋哲元部善後妥為設法。（三）對在河北東北
系文武人員宜擇要安置。乙、對全局：（一）公對日方
冷淡，必再生事端，過殷勤又難以為繼，第一步仍宜循
外交正軌，文認有吉、武認磯谷為中心，使人告以願有

機會接談，凡事不作原則上之拒駁，多說明內部之困
難，為辦法之商討。（二）日方和平派總望經濟提攜，
藉牽制強硬派之急進，公前次主張組織經濟實業考察團
赴日，藉資周旋之舉確有必要，可否請電庸之速辦」請
參考。雨岩兄到蓉，並請一為諮詢，必要時絕不畏難。

擬辦：

應否復吳即準備成行，並告以進行步驟，請核示！

批示：

兄如能於八月間成行更好，並請經京滬東行以有事屆時
託雨岩兄在京滬面詳也。

002-080200-00455-228

■ 1935 年 7 月 16 日

何應欽電蔣中正擬請發表宋哲元綏靖主任兼管駐平之廿九軍及察省軍隊

24 7 16

上海（無線）

4040

特急。成都委員長蔣：

哂密。近從各方面觀察，宋明軒之名義似宜即予發表，
擬請任彼為駐平綏靖主任，指定專管駐北平之廿九軍及
察省軍隊。可否？乞核示遵。

職應欽。銑秘印。

譯發

廿四年七月十七日擬稿

七月十七日下午十二時核發

限即到。上海何部長敬之兄勛鑒：

銑秘電悉。哂密。此事極不妥，磯谷等對各方表示仍以
宋部他調為宜。如一經發表此名義，設遇阻難，更使中
央與明軒難堪也。

中正。巧巳秘蓉。

002-080103-00022-001-163a~164a

■ 1935 年 7 月 18 日

孔祥熙電蔣中正據報宋哲元或有異動情形等

24 7 18

南京（有線）

4326

成都。蔣委員長鈞鑒：

浚密。頃據津報：（1）馮妻李德全文晚化裝來津，與
宋哲元祕密接洽。宋對中央本不滿，嗣因秦德純、蕭振
瀛等勸以他人既能親日，吾輩何獨不能？宋被包圍間有
逆謀在醞釀中。（2）津傳馮玉祥活動甚力，擬以閻、韓、
宋、傅為中心作華北大團結，揭抗日旗號，並網羅華北
失業軍人、政界中人創一新名義，現正在猶豫中。韓不
願再為馮用，且與宋同床異夢，故此事雖在活動中，恐
最近尚難發展。（3）日組之華北經濟考察團近派多人
分頭工作，對於紡織、交通、礦產、水利、經濟、金融

等項限兩星期調查完竣。謹轉電參考。

弟熙叩。巧秘印。

■ 1935 年 7 月 18 日

調查統計局電蔣中正關東軍唆使王克敏約秦德純商震徐永昌韓復榘舉行會議商討關於促進中日提攜開發華北產業經濟合作問題及張垣日領館近通知察省府所有保安隊及民間槍枝數目均須向日領館登記等情報

24 年 7 月 18 日

自南京發

號次：5115

成都委員蔣鈞鑒：

維密。謹將篠日日偽情報摘呈如次：

（一）關東軍決定嗾使王克敏於下月初約察秦、冀商、晉徐、魯韓等舉行會議，商討關於促進中日提攜、開發華北產業、經濟合作諸問題，屆時關東軍將派代表參加。查其企圖：a. 使五省團結，並增強實力與中央成對立局面。b. 促各省聘用日人充當顧問。c. 絕對掃除一切抗日、反滿團體。d. 在中、日、滿共存共榮及日本領導下訂立各種協定。（二處平訊。）（二）張垣日領館近通知察省府，所有口外保安隊及民間槍枝數目均須向日領館登記，並請派員赴孔家莊日人新

闢機場裝設電話、電竿。省府已飭電話局長率員前
往。又寒日日領館派西村等赴電報局點驗機件,詳詢
重要職員姓名、待遇,並謂此後電報非經檢查,不准
拍發。(二處張家口訊。)(三)據偽外交部蘇俄科
長下村談,偽滿曾向蘇俄提議在海參崴、伯力設立領
事館,遭俄拒絕,因頗憤慨,謂「如俄不讓步,將斷
然驅逐駐滿各地俄領」云。(二處平訊。)(四)津
日憲兵隊寒日派員將吳光新逮捕,謂有藍衣社重大嫌
疑,現押於日憲兵隊,正嚴訊中。(一處津訊。)

調查統計局叩。巧印。

002-090200-00016-200

■ 1935 年 7 月 18 日

何應欽電蔣中正日人藉口察省事件要求將宋哲元免職並挑撥其與中央及商震閻錫山間之感情欲使我內部自生變化

24 年 7 月 18 日

自上海發(無線)

號次:4149

特急。成都委員長蔣:

晒密。昨日某日人來訪,據言此次察省事件,關東軍原
主張澈底以兵力占領察省,將廿九軍驅逐離察,並要求
免宋之職。但酒井及松井等則以廿九軍各級幹部頭腦頗
多簡單,留駐冀、察可資利用,故親乘飛機赴長春對此

點力加爭執，謂如將宋軍他調，中央必另以他部填防
冀、察，反不如宋軍之可利用云云。惟關東軍始終堅
持其主張，遂令土肥原向我提出免宋及趙師離察之要
求，待我方照辦後，彼復將計就計，乘機挑撥宋與中央
與商、閻間之感情，不曰「宋之免職令非出日方之要
求」，即曰「商啟予曾電蔣委員長，對廿九軍表示不
滿」。此種技倆近已逐漸施行，意在使我內部自生變
化。觀此，則某日人所言或有可信，日方之狡謀詭計亦
終無已時也。謹電參考。

職應欽。巧秘印。

002-090200-00016-209

■ 1937 年 7 月 18 日

何應欽電蔣中正轉秦德純蕭振瀛電松井石根所提新條件最後決定四條

26 7 19

4218

成都委員長蔣、南京軍事委員會：

律密。頃接秦德純、蕭振瀛銑□電稱：「松井所提新條
件在德純患病期間，由振瀛赴津與酒井交涉，幾經磋
商，最後決定四條：（1）松井所提分區辦法及張北各
縣用蒙古保安隊維持治安，並以卓委員充司令一節，日
方允諾自動撤銷。（2）撤退區域保安隊人數，松井所
提二千人太少，我方所定七千人太多，決定折中為四千

或五千人。（3）商都嘉卜寺本不在撤退區域內，惟日
方希望將來由察省自動陸續改成保安隊。（4）日方派
參謀六浦到察，協同張司令允榮赴張北各縣視察。如所
約各事均已履行，則按上述辦法實行，否則另議。除電
張家口負責人員迅速切實履行前，與土肥原所定條款期
免別生枝節外，謹電示聞」等語。謹聞。

職應欽。巧午秘印。

002-020200-00025-057

■ 1935 年 7 月 19 日

孔祥熙電蔣中正稱據報宋哲元軍正大舉向北平 輸運故不如早日發表宋等人之名義等

24 7 19

上海（無線）

4302

成都蔣委員長鈞鑒：

浚密。頃接北平密報：「宋軍正以十列車向平輸運中，
對外僅稱一旅。今勢已至此，宋、蕭、秦名義宜早發
表，免致日益離心，更為外人利用。且終必屬彼，不如
速決為愈。中、日兩方現均有人造謠蔣將殺蕭，即中央
對之亦不利云云。所以蕭絕不入川，而情感益惡，似週
內再無表現，一般將領或將有通電發布」等語。謹轉陳
參考。惟昨奉篠戌電後，已電仙閣先行來京面談，再令
赴蓉謁陳矣。

弟熙叩。效午滬寓印。

譯發

廿四年七月廿二日擬稿

廿二日下午八時核發

特急。上海、南京。孔部長庸之兄勛鑒：

巧秘電、效午滬寓電均敬悉。〇密。對蕭等不必以其威脅舉動急於遷就，可以鎮定處之。且弟本已託達銓〔詮〕明告明軒，如欲調換北平市長，亦須在壹個月之後，不必太急。如彼等欲以外勢為背景而欲抗命，則惟有聽之。否則當允其平市長與察主席，待一月後皆准，由明軒保薦以慰之可也。

弟中正。養亥秘蓉印。

002-080103-00022-001-183a~184a

■ 1935 年 7 月 19 日

侯成電蔣中正稱宋哲元新名義未能發表導致產生種種謠言等

北平

特急。成都委員長蔣鈞鑒：

魚密。極密。近日華北表面安謐，尚無緊急情報，所堪重視者，即以宋主席之新名義未能發表為中心，而生之種種謠言而已：1. 酒井曾恫嚇蕭委員謂「如赴川，必被扣留」。2. 蕭委員為一部同鄉所包圍，逐日煽動是非，謂宋之免職及新職擱淺，商主席均應負重大嫌疑；同時

酒井反對商，說蕭如何攻商，其關係日益緊迫。職既從
旁識破，已設法揭穿之。現雙方已恍然大悟，當不致再
受愚弄矣。3. 宋之堅決方針在二十九軍仍然留駐華北，
免致南調，俾將來有立功之機會，故其所希望新名義以
在北平分會統轄之下，不求高大，確係實情。而蕭之遲
遲未能赴川者，亦恐強畀宋以南方新名義，則部隊必須
南調，渠當面不能不允也。4. 日人對宋近來態度好轉，
係酒井一人之堅決主見，即由對華「零買較躉批為利」
之政策而生。日軍中央部能否與酒井所見完全一致，尚
待證明。唯〔惟〕二十九軍有此幸遇，則暫留華北似已
不致有何問題。因酒井之階資較高，駐華北各武官均聽
其指導也。謹聞。

職侯成叩。皓辰。

002-080103-00022-001-186a~187a

■ 1935 年 7 月 21 日

**何應欽電蔣中正轉王克敏來電稱宋哲元軍又大
舉開北平並連日高唱已獲日方諒解等情**

24 7 21
上海（有線）
D18
特急。成都委員長蔣：
哂密。極密。頃接王叔魯兄皓申電稱：「宋軍自十七晚
至廿一晚止又用車十五列調平，近兩日又高唱自稱已得

日方諒解，中央顧慮外交實係誤聽人言。蕭昨來見，聲明無論派宋何處，皆以親老身病為辭，如就近在河北做事尚可。商啟予近亦來平向弟亦表示好意，弟對任何人無所愛憎，只求各方和洽，勿為敵人做機會而已。東北、西北及商軍各相傾軋，各不相容，互將對方內容密告敵人，以為結歡之具，其餘厚顏甘言無所不至。宋軍先係程仲漁、陳覺生與土肥原拉攏，條件既成，土肥原走後又由呂均電召高木（中日實業公司總裁）為之奔走，以反蔣為結納之口實。敵方平、津、滬三處武官論調又各不同，機械百出，而我方武人皆入其彀中，目下正在醞釀中，不久恐有變化。弟知之甚詳亦甚確，而無法挽救之」等語。

職應欽。馬巳秘印。

002-080103-00022-001-175a～176a

■ 1935 年 7 月 21 日

蔣中正電吳鼎昌請轉達宋哲元蕭振瀛切告中央意旨等

譯發
七月廿一日下午十一時核發
柁密。達兄：
〇密。北平市長問題前接江電，知兄已與明軒詳加討論，明軒認為仙閣說話太直，平市是否相宜尚須考慮。為對內、對外之關係起見，兄亦認為平市縱須易長，宜

在一月以後，不必過急；如蕭能另界其他相當位置更好，因人、因地、因時分晰清楚，具見兩兄權衡得當，敬佩無量。惟聞仙閣尚未完全諒解此意，仍多方進行，其言動不免招致內外各方之誤會。即中兩電邀之來川晤談，亦遲遲未即成行。請兄回津轉達明軒，宜對仙閣有以切告之，使其澈底明瞭，多加注意。至於察主席及平市長之人選問題，屆時中必預徵明軒之意見，當可安排適當也。如何？盼復。

中正。水。養巳秘蓉。

（委座名藏密碼內）

002-080103-00022-001-178a~179a

■ 1935 年 7 月 24 日

何應欽電蔣中正稱據廿九軍政訓處處長宣介溪報告宋哲元辭職後反動者乘隙離間致使閒言日多等

南京
4709
成都委員長蔣：

律密。據廿九軍政訓處長宣介溪皓電略稱：「宋辭職後，反動者乘隙離間，致使閒言日多，有謂中央與廿九軍已生隔閡，有謂領袖已定對廿九軍之態度，流言噴噴。宋、秦極感不安，謹就事實體察報告如下：（1）宋公忠體國，血性義氣，信仰領袖，深體統一價值，但

能領導得法，絕能始終效死。（2）秦、蕭及其他幹部因事業或生活便利，一致主張不離華北，希望宋有較省主席為高之名義。（3）宋目前對內外均感困難，其內心理一面暫脫外交渦漩〔漩渦〕，以保持其抗日榮譽；一面有相當名義，以示國家對彼之重要於社會及其部屬。（4）宋初解職時，予以任何調動均無問題。現因情勢推移及報紙宣傳，若無新名義恐難打開此僵局。（5）蕭員態度激烈，若對宋有適當處置，蕭無慮。（6）蕭現有聯絡日方，利用外交以活動政治之傾向。（7）銑晚蕭在津聞行政院決議調鎮華主浙、宋主皖之謠言後，大肆咆哮謂「有意與咱反對」，並謂宋絕不就職。但據職所知，宋絕不致抗命。據上情形謹陳意見二點：（1）如外交無問題，可允宋綏靖主任、秦真除察主席、蕭長平市之要求，以示信任，若運用適當可無慮。（2）給宋一適當銜，其軍隊則駐原防，蕭任察民廳長，與秦共維察局，統乞鑒核」等語，謹陳參考。對宋似應予以名義如何？乞鈞裁。

職何應欽。敬未滬秘印。

002-080103-00022-001-190a~192a

■ 1935 年 8 月 3 日
陳立夫等電蔣中正建議派何應欽北上統一步驟

24 8 5

南京（無線）

5191

成都蔣委員長鈞鑒：

苓密。據察省（29）軍黨部各委員對華北情形貢獻意
見為下：（1）請敬之先生即日北上，俾外交得統一步
驟，各軍將領不致暗自爭鬥。（2）請鈞座派要員赴津
慰問宋明軒軍長，表示鈞座及中央信賴之至意，並徵
詢其個人出處之意見，使該軍得上下一心。查宋去職
後全軍頗感不安，然秦德純、張自忠等對中央均能堅
定信念。上列意見，似不無可採之處，特轉陳核奪。
冀、察各軍隊黨部現改視察，即專做內部工作，併聞。

職陳立夫、黃仲翔叩。江印。

002-080103-00022-001-199a

■ 1935 年 8 月 6 日
吳鼎昌函蔣中正論宋哲元動向及華北大局等各節

介公賜鑒：

昌在平、津考察研究情形另紙附陳，請賜省覽。昌明早
飛滬，一切按照東、微兩電與雨崖〔岩〕、庸之兩先生
商洽後，另電續聞。又福開森先生處已將盛意傳達，甚

為感激。旌旆南下時，即遵命奉謁。肅請大安。

　　　　　　　　　　吳鼎昌謹上。八月六日。

（一）北返之初，關於宋部頗多謠言。起因於察省主席任免時機未盡合宜，日方轉而否認無此要求，藉以見好於宋，俾資利用。宋部遂不免怨言，多所要請。然此不過日方挑撥離間之故技，而明軒亦自知不長於應付，祇靠仙閣輩一時之奔走，膽力難壯。故察冀或北平綏靖主任之請求，在明軒本人並無十分勇氣敢於擔當。但

（一）明軒究係北方舊式軍人，智識有限，表裏不一；免去主席，安於軍長，未必有此雅量。故昌寒電曾請以密令先予以兼軍會中或行營中相當名義，以敷衍面子者為此。（二）仙閣希望北平市長，明軒雖不完全以為相當，然希望予以位置之意甚切。昌江電中敘述極明，公若不與明軒商量，酌予位置，而當以大義責望此輩，難收感移之效。現似可電詢明軒，云擬用仙閣，不知何事相宜，囑密陳意見，可予者予之。（三）仙閣行動，明軒本不能制止，況在此時正利用此輩對日活動乎。故告明軒制止仙閣行動一節，昌以為無益，並未傳達。祇要

（一）、（二）兩項有辦法，仙閣行動當可入軌也。（四）北平市長問題，明軒及仙閣輩均與現市長不甚相投，遲早或須易長，能與政會存廢問題同時解決最好。

（二）日方要求啟予各事，昌到津時即已知之。曾與啟予就各項分別詳談如下：

（1）日方請求不必請示中央，直接迅速處理河北省事務一項。

昌主張口頭答覆：凡關於省行政權限範圍內事務，當然可以直接迅速處理。

另密陳中央在此權限內重要事項，暗中仍行請示，希望迅予答覆，對外不予發表，權限外者仍照舊軌辦理。

（2）請聘軍方顧問一項。

昌主張口頭答覆：個人極願意，若為反制所無，祇為作為私人顧問，用私人信箋，私人請朋友指教之酬應文句。聲明遇有中、日交涉事項，希望其隨時見教，以資參證。如此，可完全作為某個人顧問，以個人進退為始終期也。

（3）經濟事項日方所將要求者大約如次：

（a）種棉問題：昌意省府可立予答應，下令勸人民改良棉種，開闢棉田，建設廳可附設指導機關。

（b）運鹽問題：昌意祇要能保障運出之鹽不再運回中國，破壞鹽法，在相當條件之下可以答應。屆時請財部派員會同省府談判。

（c）龍煙鐵礦問題：昌意可以商量合辦，因為事實上中國單獨辦理為不可能也。

（d）新修鐵道問題：昌意此事完全在省府權限之外，應推與鐵部主持。

（e）已修鐵道運費問題：現聞日方有要求減輕運費之意，昌意此事亦在省府權限之外，應推與鐵部主持。

（f）其他交通問題：除航空事正在交涉外，電報事務日方亦有干涉之意，此事亦在省府權限之外，可以推與交部主持也。

總之，經濟問題不日必然發生，現因日方內部爭權，關東軍、駐屯軍、外務省、滿鐵公司與在中國及在日本內地各實業家意見紛歧，刻尚無整個計畫。然最近必成立一統一機關前來交涉，自無可疑。昌意我方應付能由財、實、鐵、交四部與河北省府、平津市府合作，選擇民間銀行家、實業家若干人預成立一河北經濟團體，一切先由此團體與彼方經濟實業家談判；官方先在暗中主持，不必明當第一線，較有伸縮。現在日方之意，甚希望中國經濟實業家合作，宜有以利用之也。

（4）省府設保問題：

昌意此事勿庸退讓，亦勿須退讓，日方絕不會因此生出大問題，不過津保汽車路宜迅速整理，使交通無阻耳。啟予本以昌意為然，而遲遲不辦，住保官吏又不免羨慕平、津安逸，頗思遷地為良。故此事刻尚成一問題者，其關係不盡在日方，請公注意。能堅決告商，省府絕不再遷，津保汽車路限期成立，此問題自然解決，無所用其猶疑也。

以上各問題，昌均與啟予一一談過，當面均以為然。昌因啟予對日態度恰與孝侯成一正反比例，並告以過猶不及之理，可允者允之，不可允者不必允。事事遷就，將中國官當日本官做，大可不必。特此附陳，請公斟酌主持。

（三）就華北大勢情形而論：日方在政治上之目的業已達到，除內蒙方面仍在謀對俄軍事便利作種種計畫外，對河北及平津相當時期內必在經濟問題上用功夫，

以期獲得實益，不致遽然再取武力壓迫手段，故我方遷
就程度要告一段落。昌意應擇下列方針應付之：

（1）可以允者允之，實在不能允者不必再遷就。

（2）敬之已可回來，在最短期間內將軍會存廢或縮小
或遷移等問題及宋之位置、商之環境（西北、東北兩方
與商均多隔閡）等事，親予以調處解決，不宜擱置。解
決後即回京，並無久住北平之必要。

（3）政會宜即裁撤，平、津市事由市長應付，河北省事
由省府應付，不可再存留此龐大機關專供彼方之利用。
但此外凡刺激日方軍人之小事，宜嚴密注意。現聞黨部
又有人漸來活動，暗在兩市及鐵路方面成立黨部。昌認
為必將因此小節釀成大事，明於愛國者不應出此，請公
迅速查明制止。

（四）季鸞日前游綏、晉歸來，囑代陳三點：

（1）閻百川對日持負責應付之態度，日方誘其反中央
單獨妥協，閻已明白婉拒，故日方對閻不滿。北方今日
閻為最識大體、有責任心之人，望公與之密切籌商，示
以機宜，囑其負責應付。趙次瀧云彼現在能確保百川與
我公一致負責，山西各師長之觀察亦然。由華北及西北
大局今後之重要觀之，信託百川，請其多加籌劃，於國
事定有裨益。

（2）宜生對內蒙前途極端憂慮。蒙政會之存在，現在
徒供日方操縱之用，而政府則無統制之方法。西二盟王
公雖擁護中央，而蒙政會之權在於德王一人，日方正用
全力誘脅德王，綏省府對此無計可施。又日本軍人近對

綏遠嘖有煩言，業已開始壓迫。望我公迅定方略，或並
徵百川意見，先決定一種目前應付之方法。

（3）綏遠以西迄寧夏一帶，將來在日、俄發生戰事時
當為政略及戰略上最重要之區域，故在中國為絕不能撤
手者。當此日本加緊窺伺之日，務須早有方略上之決
定。是否乘陝北匪亂大舉派兵，將來即以河套一帶形成
一軍事根據地？要之，此乃中國最後之形勝，望公早籌
慮及之。

002-080103-00022-001-211a~225a

■ 1935 年 8 月 6 日

吳鼎昌呈蔣中正就華北大勢而論日方必在經濟
上用功力不致再取武力壓迫我方遷就程度要告
一段落北平政務整理委員會宜即裁撤平津市事
由市長應付等文電日報表

二十四年八月六日

（編按：內容同上函，略）

擬辦：

擬覆尊函及節略均悉，觀察各點與弟全相符，均見獲
我心。河北經濟團體問題，盼兄於出國前設法促之組
成，並在滬與庸之兄接洽為荷。

批示：

如擬

002-080200-00456-242

■ 1935 年 8 月 9 日

孔祥熙電蔣中正稱北平治安既已二十九軍維持
應早發表宋哲元為平津衛戍司令

24 8 9

上海

5434

急。峨眉蔣委員長鈞鑒：

啜密。冬二秘京電諒達。華北情形既甚複雜，奸人
極力挑撥，匪徒時思蠢動。王樹常雖有平津衛戍
司令之名，但軍隊甚少，其他軍隊又不能再行開
入，內部空虛，至為可慮，現北平治安事實上已由
二十九軍負責維持。前聞有以宋明軒為平津衛戍司
令之議，如能早予發表，或可減少糾紛，安定人心，
華北局面亦可漸謀解決途徑。是否有當，仍乞睿奪。

弟熙叩。佳申滬寓印。

002-080103-00022-001-209a

■ 1935 年 9 月 2 日

孔祥熙電蔣中正請制止宋哲元於平津衛戍司令
部增設外交處

24 9 2

北平（有線）

特急（水）。成都。

芄密。極密。政整會撤銷，奉院令外交由中央辦理，關於外交之應統一應付，良曾有電力陳。誠以地方辦理外交，枝節為害，尤關華北。當此日軍人兇燄高張之時，遇事要挾，以求地方解決，今則悉可避免，不難返於正常，實深慶幸，乃茲關平津衛戍司令部宋明軒將於就職後增設外交處。查衛戍部向無外交之事，且內定處長人選關係與日方素有勾結嫌疑者，似此權責上又致紛歧，且以有機關故不免因人惹事，危險殊甚，似應速為設法制止。可否請由委座致電軍分會轉飭所屬，以現在外交統歸中央辦理，地方交涉事件有地方政府負責辦理，各軍事機關不得設立對外機關，以免混淆，轉滋流弊。事關外交統一，前途極為重要。敬乞轉陳，察核辦理，並密示為叩。

祥。冬戌印。

譯發

廿四年九月六日擬稿

九月六日上午十一時核發

北平袁市長文欽兄：

冬戌電敬悉。芄密。經轉陳，已由委座逕電宋制止矣。

弟永泰。虞蓉。

譯發

廿四年九月六日擬稿

九月六日上午十一時核發

北平衛戍司令部。宋司令明軒兄：

5410密。凡地方軍事機關因應付外人之便利起見，只

可添設秘書或參謀名義，網羅精通外情者，以便應酬接洽，但不可特設外交處或外事專處，以免因有機關而惹出麻煩。蓋地方軍事長官尤不宜明負外交之責，請兄注意及之。

中正。魚未秘蓉。

002-080103-00022-001-265a～268a

■ 1935 年 9 月 8 日

宋哲元電蔣中正稱並未擬議設置平津衛戍司令部外交處

24 9 8

天津

7242

成都委員長蔣鈞鑒：

魚未秘蓉電敬悉。○密。衛戍部所有職員均不更動；外交處之設，職亦無此擬議。重蒙鈞座諭示，謹當遵命辦理。謹復。

職宋哲元叩。庚印。

002-080103-00022-001-270a

■ 1935 年 10 月 10 日

何應欽等電蔣中正稱冀察政務委員會名稱不宜冠以行政院字樣

24 10 10

北平

7028

特急。南京委員長蔣：

佳亥機京電奉悉。〇密。凡屬行政事項，均應秉承行政院辦理，此係當然之事，惟機關名稱上不必冠以行政院字樣，例如中央各部及各省政府均不冠行政院字樣。冀察政務委員會之名稱業經決定，已由宋方通告某方。若實加行政院字樣，日方以為中央別有用心，必又發生枝節。故職等之意以為仍照原議，無須加此三字為妥。是否有當，謹乞鈞裁。

職應欽、式輝、儀。蒸午行秘印。

002-080103-00023-001-033a

■ 1935 年 10 月 10 日

蔣中正電何應欽同意冀察政務委員會可不冠行政院字樣並指示委員人選等事宜

特急。北平居仁堂何部長敬之兄：

0757 密。冀察政委會不再冠以行政院字樣，委員改定為十七人至二十七人，大綱第八條改為本會於必要時經

行政院核准，得設置各項特種委員會，餘悉如擬。連同大綱及人選均定於明日發表，兄切勿急遽回京。政委會成立之始，為維繫人心計，為商決當前未決之重要問題計，務請暫時在平稍候。委員中如有出缺，最好加補王克敏，將來政會之財政事項以王任之，經濟建設事項則以周作民任之較為適，且王、周亦為北方不可多得之能者也。請與明軒兄一商如何？

中正。灰亥機京印。

002-080103-00023-0010-034a～036a

■ 1935 年 10 月 15 日

宋子文呈蔣中正派郭增愷觀察華北將領得宋哲元部望中央速謀辦法以挽危局並附郭增愷迭次函報

介兄鈞鑒：

（一）弟因華北形勢緊張，囑郭君增愷赴平祕密覘察一般將領趨勢，俾得明瞭華北實況。郭昔曾在西北軍服務，西北各方面將領均有相當認識，與楊虎城交誼亦厚，經委會為西北公路進行便利起見，派其任西北辦事專員，以資聯絡。此次在平，所得各方情狀頗為詳盡。綜合所報，日人利用西北將領以遂其侵吞陰謀，各將領中尤以宋哲元可以舉足重輕〔輕重〕。惟宋及其部下似尚有國家民族、個人人格觀念，對郭亦有相當情感與信任。彼等希望中央對華北有整個辦法，當不辭困難做

去。如中央不能援助、不給辦法，則盼將該軍調離華北，且願不顧一切與中央合作。茲將郭君迭次函報錄陳察閱。弟以為當此千鈞一髮之際，必須有推誠相與之切實辦法，方有挽回危局之望。郭函中所謂「我方」，即係指吾兄而言也。

（二）（編按：原函與華北事務無關部分，省略之。）
專此。肅頌崇綏。

弟子文。十‧十五。

附錄郭函三件

抄錄來函 十月二十日晨八時石家莊發

（一）十九日宋、熊晤會晤結果，廿日寄到之航快（即十九日函）未及述明當晚十一時弟登車時，蕭仙閣前來送行，在車站見告如下：「十八晚宋返平後，我等計議對熊決取敷衍辦法，極力表示對蔣之感謝，陳述本軍之困苦，企其在軍實及餉項上有所給與。」弟當訊其：「如此，豈不遭日方之忌刻？」答稱：「已與日方商妥，彼方不致反對。」至十九日會見之際，宋已本此表示，是當然不可信賴。為我方計，應就更切實處著手，此策在十九寄出之報告No.1中已列舉矣。

（二）因力避與蕭晤見，故截至十九午，始應彼之午餐。席間伊謂：「蔣來電稱，大連會議結果，日方仍將以中央為對手方。」弟為採集此會內容，十六日在津一整天，除前報告書中已陳明華北計畫內容外，茲有應特別說明者。大連會議雖主因在於川島之統制工作，但對華北則絕未放鬆，對宋哲元鞭策反蔣尤為主要議題。所

謂和緩者，乃誤會敵方「取合法外貌掩飾急進內容」之手段的錯覺。故弟之結論：華北未脫嚴重時期。

（三）熊本攜一戰略北來，宋對此之表示：「如何自現狀走到戰時，迄不為我打算。空洞的紙張，豈非欺人？」（此為對蕭之談話。）

（四）至弟所以能獲得其腹案者，則以向來伊等多求計於我，遂不能不說真話。又以我為超然身分，一切均以協助伊等為居心；又私誼過久，在伊團內之諸人均覺得我不說明，亦必另有他人告以實況，則我何必得罪朋友之感。

（五）今日情形：A. 仍在極嚴重時期。B. 對宋工作並未收效。C. 解決華北困難，防止敵力深入，須照十九日報告書所主張之方案。D. 宋部各將領所盼者，在切實的辦法。如有此指示，則第一次航函中所記各該員對弟所表示，弟可保證絕有把握不論任何人北來，均可收效。E. 宋本人之病，在於誤會我方無誠意。若在幾個事實上與以安慰，則因其本人所顧忌之某種困難（十九函中稱為一線曙光者），亦非絕對無望。F. 十九日報告書十三條A項須立刻進行。以爆發之快或慢，均以某某兩人為規定（故以此為主要防禦方法）。目下已有某一方已允天津之約邀，表示參加（故宜速）。（完）

關於華北時局內容陳述如後

巧電所示「我方」謂熊斌報告「各將領咸已諒解」之語絕對不確，非但不確，且邇日演變，較諸弟前次報告書

中所述尤為惡劣。「我方」應依照弟此次所報告之情形及提議之方針處置，否則兩個月內將產生十分嚴重之結果。茲將內容剖述如後，幸注意並努力為之——按弟與熊君昔為同事（西北邊防暫辦署時，熊任參謀，弟任西北通信社長），近雖多年不晤，終覺（在私人方面）破壞其對國家之欺詐，心中不無耿耿，惟鑒於形勢危急，殊不敢不言真象〔相〕，貽誤國家也。

（1）明軒等之認識，以為「我方」絕對抗日的或抵抗（指無反攻意思之防禦），亦絕不能持久，故自六月起計劃以自己為中心之對日政策。

（1）注意明軒新職發表後，遲延將近兩星期始來平就職，其間乃為討論上項策略之內容，參加之人員如馮、張、劉三師長，張允榮、司令秦德純、主席蕭仙閣諸氏。最近十月十五日，宋且曾語允榮「當我去平就職，既有決心」。

（2）七日秦赴津時，乃以請張、馮、劉各將領及弟之意見，以共同簽名之形式與宋討論。適「我方」電宋約其派員承訓，為此乃有王秘書長式九（義樫）赴汴謁蔣之事。

（3）當王啟行時，宋氏之意見僅著其聆訓及備諮詢而已，秦以此限度殊不妥，乃在返察過平時就商於弟。當於王氏登車之前，由長途電話中告以須多表明諸將領之真心，如客氣則必不堪設想。乃王以初與蔣晤，未能痛陳利害，蔣公所語十分空洞，遂鑄成現在之惡劣情況，我等十餘日之努力付之無效。

（4）宋對蔣公之陳述，其限度已如上述，王因秦與弟之囑，事實上所表示已超過宋之所令。當十二日在開封車站，蔣公答王之大意如下：A. 國際形勢：如英、意衝突，則與我有利。蓋英日同盟雖解，終乃合以謀我者，故目下日無英助，攻我必緩。B. 日方作法：日僅思不戰以屈我，我則不戰絕不屈，無論如何不承認其要求。C. 我必抵抗，在時機未到。先華北將領可自由的與日敷衍，只要不害及領土完整與行政權力，盼明軒安心，我絕信任他，如商主席之作法即我之授意。D. 附帶言及，如明軒不能在河北占住，則可退河南，我將河南給他，再不然可退陝西，必將陝西給他。此外，又談及蕭之官職問題，餘無重要談商。

（5）熊斌之來，所言較王帶回者為多，即多一作戰計畫，內容為自海岸向內地布防。冀、察亦然。

（6）宋聞王之報告後大譁，當時在座諸人為宋、王、允榮三人，宋之言如下：「蔣言大半為詐，小半為實，且似始終未以華北為念者，且對事實問題（即弟前函提議蔣公應表示各點）皆未談及，看起來我們只能自行救華北矣。又蔣始終以我等為要官，到今天不談冀察人民如何？經濟如何？單談退卻。且單談兵士退卻，實以我等為孺子。」又訊王：「熊斌來作何？」王告以熊之任務及言論，宋作色謂：「我不見他。」嗣以允榮等勸告，乃謂：「教〔叫〕仙閣先到北平去放砲，我見他時定要問他『日本人教〔叫〕我打倒蔣，你意如何？』嚇嚇他再談。」

（7）熊、蕭晤見情形如下：蕭之表示中央無庸更管華北，我等自會辦理；我們決抗日，決在倒蔣之後方可。至於時期「當然尚早，但我絕不否認我等有此活動；且我可明告你，西南所謂西南方案已與宋、蕭晤洽，雙方合作乃是事實。」又引證王東成兄之語，主張中央應任我等自為之。

（8）秦與熊之表示較好，但無事實上的辦法，則同宋與熊於十九日晤面在兄來巧電之後，弟寫此信之先。宋是否如其在津之態度雖不可知，但無結果則可斷言。

（9）王君返津後，宋即囑蕭速電撤回其在南京之代表人雷季尚君。

（10）至於日方之意見及政客之活動，以及以蕭為中心29A之進行的工作，原則上仍是華北對中央之獨立財源之截留，務求晉綏魯之參加、討蔣之宣布、親日政府（號稱國家的）之產生，其方法則西南所提「革命委員會」案僅屬一種，其他五花八門多至四、五類之譜，茲不備紀〔記〕。

（11）茲以最簡單之文句，提出壓抑此種反動之方案，此而再如前十日經過之失敗，則華北與中央雖最後之門徑亦關閉矣。至於何以照此方案即能壓迫下去，以時間關係不能明述，但弟可保證果照此案作到（步驟須同時並舉，只D項稍後），則絕可防止目下之危機，且所主張之辦法絕對有可能性。

（A）以種種方法使魯韓、晉閻不參加反動組織。

（B）如前函所述，29A中真愛國家、服從中央之將領

應給予事實的指使同安慰。

（C）商啟予之種種頗給29A以不良之印象，應為之規定一限度，並須令其部隊集中（最必要）。

（D）再與宋、蕭作切實與澈底之討論。宋今日尚有一顧慮，即「與日合作討蔣期間，日勢過大的侵入，則吾之抗日將愈困難」。此一主要顧慮，可為將其拉住之曙光。

（12）日方在大連會議中之議題，除本報告書第三號所陳外，尚有：A. 對宋之壓迫。B. 西北之深入。C. 河北之工作。三項茲分述之：（A）對宋之壓迫：要求察北、察東迅速換防，要求蒙古保安隊司令部設在張北縣。凡蒙人居住之地方，不論是否已設縣治，應交蒙古保安隊屯住〔駐〕。石友三部王道一旅應住〔駐〕於多倫、沽源大道間之延慶戰區，保安隊（漢奸）馮壽彭部應住〔駐〕於昌平（距南口卅華里、北平四十里），調動石友三、劉桂堂、白堅武各部進住〔駐〕適當地點作包圍平津之布署，正式提出清除河北蔣氏勢力之要求，並指定應拘捕之官役人民。（B）西北之深入：九月時派遣之四十名武裝調查團應由多倫出發，經內蒙草地西行工作，其終點則定為阿拉善旗。（C）河北之工作：由天津憲兵隊長池上謀河北青、紅幫之組織，完成大名一帶民眾暴動之促成，萬福麟軍應迫萬下野，而以其參謀長王化南統帶之，由郝鵬等組織便衣隊作占領平津之活動。

（13）大連會議之結論（決議），關於華北者如下：

（A）督促華北將領反蔣（不能聽其如目下之僅止「離蔣」），如將領等無誠意，則以劉、石、白等進行。

（B）在將領之外，多謀政客之聯繫。（C）要求南京政府將戰區擴大至廿五縣（現十九縣），以殷汝耕為行政長官，直屬行政院。（D）參著十三條各項。

廿四・十・十九

照錄來函（一）

茲將旅中情形、華北時局內容陳述如後。

（1）考察團問題：為華北情形緊張，時機嚴重，弟尚須在平小住幾天，擬著晉省在此代表，陪同考察團前往目的地。又因弟本人在日人方面目標較大，晉省地方熟人太多，亦以與團員分途為宜，故擬經張家口、大同赴太原。此事當由鄺兆祁君面陳。

（2）兩廣對華北之活動：兩廣代表陳忠孚、任援道自八月間由廣州、香港啟程，先赴日本東京，折赴朝鮮京城，又赴長春，又赴大連，在九月中旬到達天津，至現在未離。其接洽之人物，在東京為荒木、真崎、永田，在京城為宇垣，在長春為南、土肥、板垣，在天津為劉熙眾、蕭振瀛、多田、酒井、商啟予。其所已成為事實者，據謂曾由永田與中字簽字，兩廣獲得日本軍火接濟，值兩千萬日圓，共用五千噸船隻兩個，於八月底裝往廣東。其對時局所提出之方案，刻正與華北將領商洽。據其自稱，曾得東京及長春之同意案予援助云，內容如下：由兩廣及華北將領共同簽名發表通電，與蔣介石之國民黨及政府脫離關係，並組織臨時軍令委員會，

對內主張黨的糾紛暫時擱置不談，還政於民，召集國民
會議，采「聯省自治」之形式；對外主張東亞同盟，承
認滿洲國，維持華北治安，保全領土完整，華北經濟對
日全部開放，新政權下全數容納日本顧問及指導。其步
驟為待通電宣布後，西南、華北同對南京取獨立之形
式，逐走中央官吏，宣言與日直接交涉，由胡漢民任交
涉之全權，由歐趕赴東京。以上各項均曾由伊等口頭的
及文字的證物上，親自獲到。惟有一事，及陳等與日方
之條件，其內容究竟如何，則迨無一人能知。且經其他
證明，在粵之李任潮對此條件亦無所聞、無所知。蓋彼
方原擬著任潮來華北策動，任潮則以未知彼等之中日條
件謝絕不來，乃改由陳、任兩□北來也。彼等在華北已
獲效果否？此則尚無具體事實，僅蕭仙閣口頭表示聯日
倒蔣而已，商啟予則猶在敷衍，韓向方則稱必須華北合
作，閻百川謂晉、綏以外之事無意見，惟多田則表示兩
廣所提方案甚好，盼華方團結進行云云。

（3）日方之動向：在華北日方負責人表示，統制派已
能控制軍部及關東軍，一切少壯派之主張，均由陸相壓
迫內閣行之。在肅軍中，少壯派之被檢舉及殺害者達千
名上下。九月以來，關於壓迫內閣屈從軍部政策，整齊
東京及關東所屬在華人員之步調等等均已完妥。十月期
中，當竭力促成華方之反蔣獨立運動（特注重華北）。
自十一月起，當宋威迫各將領之手段，甚至不惜自以武
力占領若干重要都市焉。此項動向之表現，其一為多田
司令小冊子，此項小冊子為多田招待平津八月廿四日日

記者演說後所散布。據某將領告弟，當多田到平時，彼曾詢其日方對華北之作法究竟如何，多田答以一時無法詳談，日內在津可草成一書件，請讀後即得明白。嗣八月廿五日，京津日日新聞即與電通社同時將此小冊子宣布，但有三項從略。某將領閱後，覺其為與「天羽聲明」同等重大之文件，乃轉輾訪查究竟，始知其經過如下：多田、高橋根據統制派中央部之意見，令其幕僚（屬武官室）草擬多田談話式的「對華根本觀察」文書，原擬文書字句比較平和，經多田審核後直送東京陸軍省，陸軍省將文字改為現所發表之激烈強調（主張無更改）以付多田，當招待記者席上，多田訓示記者今後對華北之基點如此，特分布小冊子以為參考，目下即本此宣傳，以為十一月間發動之張本。實則，當時多田意在於如近日以來日方新聞所宣傳新疆獨立等等之側面文字，爰日日新聞冒然宣布，繼之又宣布更正取消，蓋為時間過早也。此小冊子不便攜，弟此函內附上該報一份，盼譯出後詳閱為禱。其第二表現為對各將領之進一步的迫追，多田語陳中孚華北將領蠢如牛馬，第一步日人既不欲自己下手，仍盼華人自行團結，故盼陳不南返，俾推動成功。酒井語張自忠師長：「我方決打倒蔣氏，盼華人自己為之；如不能辦到，則石友三等可擔任，再不然則日人自為之，但總盼諸君自動辦理。」又武官室語某君：「華北將領僅思離蔣而非反蔣，若長此下去，當然不行，當然不許。」又住〔駐〕屯軍為迫問閻百川（同時關東軍板垣亦有函致百川，迫其表示意

見，送信人為何某，曾見原函內容，以告弟友），對華北新政權之究竟意見，特於九月廿九日派中井參謀飛並又九月間土肥飛張家口，其任務之一為察境保安隊換防之履行，其二為晤德王（百靈廟）促其決定對多倫之聯絡，又臺頭常住調查之日人約百餘名，綏遠省城八月一日間往返之日機達兩百次，其他諸活動尚不勝書。總之，其目標為：（A）華北將領之倒蔣獨立。（B）日方之自己下手的準備。兩者均勢在必行，且為期不遠。

（4）華方之態度：韓向方對王懋功稱：蔣先生無須以自己人住華北（指敬之），宜以可以與外人敷衍者擔任拖延之衝，意似自為者。又韓與商啟予特為接近，以同受蕭仙閣之壓迫也。商則時時與日方周旋，但酒井對之公然謂為得蔣氏默許來敷衍者。宋則自己極少出面，以蕭仙閣為先鋒，蕭則力喊聯日倒蔣，而中心在於一官職。日人對之則告以「騙我們是不行的，既倒蔣，何以還到南京去要官作呢？」又叔魯所述之商、宋住〔駐〕防問題，實則均屬酒井所規定，其詳如下：A商部住〔駐〕保定、滄州、馬廠、天津、北平（少數）。B宋部住〔駐〕張家口、宣化、北平、天津、馬廠。C萬部住保定以南，十月五日以前萬部繆徵流師由平市移保定以南，馮師（宋部）移市內，劉師移平郊。至晉閣則以始終無明確之表示，深為日人所忌刻。

（5）廿九軍宋哲元：29A為龐大強力之軍隊，且此次視察認為可用，故特列一段。宋之人單簡、愚，但熱情。伊就職後，在九月廿九、卅兩日連集所部馮、

張、劉、趙各師長討論今後辦法（蕭仙閣均不在坐〔座〕）。彼個人之表示，為個人則不來北平、不就職，為國家與團體則絕不損人格、不賣國。綜合兩日之討論之結果如下：A. 目前團結各方，俾共渡難關。B. 希望中央對華北有整個辦法，當不辭困難作去。C. 如中央不加援助，不給辦法，則盼將29A調離華北，否則個人下野。弟於此種結論給予之助力不多，蓋彼時之先只曾與各師長稍稍試談，小作鼓勵，而不曾與研究到具體事件也。嗣當夜知其所商結果後，乃進而與各師長論具體辦法。惟宋於得有定案後，於二日赴津，故今日弟等之商洽尚無結果可告。茲將弟提出之問題奉陳：（A）29A既已決定在團體則不賣國，在個人則保人格之原則，亦應同時規定對外敷衍周旋到何程度為止？超何程度則與日人反臉決裂？（B）又宜與中央商定，在現在及決裂時，中央可給予何等援助？金錢乎？器械乎？決裂先乎後乎？抑將之決裂之時乎？伊等本決定派代表陳述苦況，茲接受弟之問題，擬於商洽後再派人南下，弟亦擬在更促伊等決心後離平，蓋此刻不可放過也。

（6）兄之工作，盼望兄就下列各事考慮後，即速予以辦理。（A）使各方認清華北緊急之實狀，如目下仍不予以事實的處理，則人心失望之餘，將來雖中央作戰，恐亦無望矣。（B）究竟「我方」可給華北作戰各部之助力如何？盼告弟以具體之條目，以免使彼等失望。

十月三日。北平

照錄來函（二）

茲再將弟之意見以甚簡單之語句陳述如後，以補正式報告書之不足：（一）「我方」必須答應在29A與敵人決裂時，給以如何之援助，並須規定在如何之程度、如何之表現時給予如何之援助；如不足、如屆時不能辦到，則不給。（二）又必須明白告訴29A與敵方敷衍只能辦到某種程度，如超乎此種程度，則應停止援助，認之為賣國。（三）必有上述之具體規畫，方能安其心並增其勇。（四）現在敵人已對29A提出「何不將各稅收機關奪之己手」之詰問，此為對軍人最大之誘惑，最易促成變局之原因，亦為「我方」最大之問題。萬一華北財政不屬於「我」，則政府將陷入如何之困境乎！故曰今日雖給予華北如何之援助，若與將全部財源被奪比較，皆不足道者也。（五）兄閱全部報告書後，祈速速給弟以可以決定某種事情之範圍，俾弟盡全力為「我」保全華北元氣。（六）「我方」應即給兄以回答，一面派遣安慰各將領之人員，一面電召各部隊速派大員，或真可決定問題並能保守最高祕密之代表前往報告一切。（七）雖一、二日之遲誤，亦將妨害大事，切禱催促前途。

照錄來函（三）

弟於卅日抵平後，當就各種情報繕具報告書，如此次送上之NO.1、NO.2兩件，託酈專員兆祁君赴滬面陳，乃福運兄不悉內容阻之致未果。茲已與此間航空公司職員商定由中航機攜帶，而絕對不經過公司以外如郵局等人之手，故由其帶上，希特詳閱，並予以答覆為禱。在前

兩件報告書後之發展，即弟連日在此之工作有得陳述者：（一）十月三日，與29軍張、劉兩師長、王秘書長在平討論，計十一個小時；（二）四日，與察省保安司令張兄討論，計十二個小時；（三）五日，張司令根據弟之提議，在張家口與秦、張師長在張垣討論；（四）六日，秦主席攜伊三人對弟之答覆來平，由秦、馮師長、陳參謀處長及弟由晨八時至午二時論議完畢，即交秦於當日赴津謁宋。

現在可以奉聞者：29A主要的中心幹部決不顧一切與「我方」合作，惟盼「我方」能與之推心置腹，予以任務。就兄及弟言此次北來，已將渠等由某種壓迫下（看NO.1報告）引出，可謂頗大成功。若不予以誠意的回答，則誤華北之責任與兄及弟無與也，盼特別之注意，設法為切禱。又在此所知晉、綏情勢甚好，自夏季弟將山西門羅主義打開後，至今百川尚能不與敵人真實勾搭，兄聞之應忻快之事也。盼回復不多敘，千萬即復為感。

002-080103-00026-013-001a~004a、007a~027a

■ 1935 年 10 月 16 日

熊斌電蔣中正據秦德純表示蕭振瀛言談或有失檢但可擔保宋哲元及第廿九軍將士始終在鈞座領導之下為國奮鬥

24 10 16

北平

4693

特急。南京委員長蔣鈞鑒：

刪未京機電謹悉。〇密。承示各節遵當詳達，到濟並與成章約晤。紹文昨自察來長談竟日，對鈞座指示極表欽佩，敬謹遵行。據稱仙閣言語失檢之處或有不免，但可擔保明軒及廿九軍將士決始終在鈞座領導之下為國奮鬥，乞紓廑念。啟予約定今晚來晤，明軒約定巧日返平，謹聞。

職熊斌叩。銑辰印。

002-090106-00011-154-002a

■ 1935 年 10 月 30 日

蔣中正電宋哲元此次日方策動華北特殊化宋之處境只有聽命及諉責中央為唯一辦法

限即到。北平宋司令明軒兄：

豔午電悉。苅密。此次華北策動，固非枝節應付所能解決，尤非局部敷衍所能了事。故中央根據整個對策多方

與之周旋，現正在著著進行中，已日有轉機，但期華北
堅持，不自生異動，則彼方步調自可一致而就範。如兄
不察情偽，受自由行動之虛聲恫嚇即欲有所宣布，以冀
避戰待時，不知實因此而促成戰亂，致令中央一切之努
力盡付東流耳。此時兄之處境，只有聽命中央、諉責中
央為惟〔唯〕一之辦法。否則所謂其他辦法皆自陷絕
境，則將來之悲慘煩悶又更有不堪設想者。現在此間已
擬定有效辦法，即派大員攜來與兄詳洽，並協同應付一
切，盼兄益加忍耐，幸勿為威脅所動。中囑健群面達各
節，尤願兄再靜心聽取也。

中正。卅巳秘京。

002-020200-00025-078

■ 1935 年 11 月 9 日

**蕭振瀛電蔣中正稱土肥原催逼變化華北局急如
星火以待中央決斷**

委員長鈞鑒：

振瀛年來奔走，無俾國家，仰荷恩裁，畀承疆寄，濫
叨寵命，慚感交縈。北事危迫，已至最後難關，宋司
令及瀛均感十分困難，惟以圖報殊遇，必當不惜艱
苦，忍痛周旋，稍減鈞座北顧之慮。最近土肥原來津
催逼變化，北局急如星火，正竭全力與之委迤，必須
撐過五全會期，以待中央籌決大計，過此以後恐已不
易迴旋，如何決定方針，敬祈密示一切，俾有遵循。

耑肅。呈謝,並請鈞安伏維垂察不既。

職蕭振瀛謹呈。十一月九日。

002-080103-00018-003-007a~008a

■ 1935 年 11 月 10 日

雷嗣尚電何應欽謂土肥原賢二在津迫促甚急日言北方將領如無辦法彼即自幹

雷嗣尚蒸電

南京鬥雞閘四號部長何:

○密。土肥原在津迫促變局甚急,昨派高橋飛濟迎孫來津,孫派程希賢代表前來,紹文頃返平,仙閣仍留津折衝。日方聲言「北方領袖若無辦法,彼即自幹」。北事危在眉睫,盼中央速有整個辦法。

嗣尚呈。蒸印。

002-020200-00025-080

■ 1935 年 11 月 16 日

蔣中正電宋哲元日兵六列車在山海關下車示威

限即刻到。北平宋司令明軒兄勛鑒:

芻。據報日兵六列車在山海關下車示威,未知其對兄有所表示否?如彼以軍隊實行威脅,則兄更應堅忍鎮定,以申正氣。中絕不空言欺兄,必與兄共同存亡,請兄對中復、向方信稿詳加注意。務望兄堅忍到底,不為威

屈，則料彼無所用其技。萬一決裂，照中決定處置不僅
為國家爭光，而我四萬萬同胞皆必為兄後盾，亦不辜負
我忠勇之將士也。國家存亡，吾人成敗，皆在此一舉。
一面仍以百折不撓之精神與以不亢不卑相周旋。如能以
最大之忍耐，而加以最後犧牲之決心出之，則無不可為
之事。中亦正在設法進行，以期萬一之補救。照其在京
負責者之表示，華北必不致發生直接行動，但不得不防
其萬一耳。近情盼復。

中正手啟。銑戌機京。

002-020200-00025-081

■ 1935 年 11 月 17 日

雷嗣尚電何應欽稱土肥原要求北方宣布自立宋哲元應付至多支持一個月

24 年 11 月 17 日

自北平發

總譯字第 11876 號

南京鬥雞閘部長何鈞鑒：

咸電謹悉。〇密。土肥原要求在五全大會期內北方宣布
自立，並稱孫、宋若無決心，關東軍自有辦法，此外絕
無其他密件。宋公、仙閣及紹文婉轉應付，至多恐只能
支持一個月，若不在平津線上決戰，必須另籌應付方
案。宋公昨已迶電吳禮卿，促其請命蔣委員長北來商
談。倘能常來妥善方案，茲所望也。

嗣尚呈。銑印。

002-080103-00018-003-003a

■ 1935 年 11 月 17 日
宋哲元電蔣中正日方又以兵力威脅速示最後整個方針或派大員來平指導

24 年 11 月 17 日

自北平發（有線）

號次：5917

南京委員長蔣鈞鑒：

苚密。銑戌機京手啟電敬悉。華北局勢受環境壓迫，危險萬分，業經迭電陳報在案。刻下日方又以兵力威脅，更屬刻不容緩。日方要求：（1）要求地方自治；（2）脫離中央。哲元對此喪權辱國之事絕不去作，已均予拒絕。哲元受鈞座提遇，當此大局艱危，惟有苦撐報國，以報鈞座。但力量薄弱，祇能支持一時，不能永久，伏乞鈞座速示最後整個方針，或派大員來平指導，以全大局，不勝迫切，待命之至。謹復。

職宋哲元叩。篠辰二印。

002-020200-00025-082

■ 1935 年 11 月 17 日

孔祥熙電蔣中正報告宋哲元等人對華北自治之態度並稱張季鸞認為若由蕭振瀛繼續擔任與日接洽事務似甚為危險等

24 年 11 月 17 日

自上海發

號次：5942

限即刻到。南京蔣委員長：

〇密。頃接北平來電，張季鸞諫午特來訪宋等，以宋態度尚好，隨晤秦亦穩健，繼又同見秦、蕭，而蕭除牢騷外，並聲述中央無辦法，日方則嚴切敦促，不可終日，已至無法應付，業請派吳忠信北來，俾易解決云云。蕭復大哭，秦亦落淚。張本不明其內部真相，疑信參半，因來問，當將三人不同之點分析告之，張乃明白，隨訪周作民。周素與土肥原善，近在平往返亦頻，曾與土談自治易流於共產，至接收中央財政機關亦非辦法，土亦並不堅執。張以周述遠不似蕭言之嚴重緊張，今早返津前又來語文囑密電中央，如吳能來，倘無適當辦法，萬不可與土肥原、高橋等見面，恐蕭有作用。至熊斌此次來平，毫無結果，蕭亦拒不與見等語。最可慮者，宋對於蕭已非往昔，而將此重要之事仍任蕭擔任接洽，竊覺危險。再，啟予已避往大名，日人謂其滑頭，刻已派人復問併聞等語。謹轉陳。

弟熙叩。篠滬寓印。

002-090200-00020-090

■ 1935 年 11 月 18 日

沈鴻烈電蔣中正於濟南分別訪晤韓復榘及韓部
軍政要人示以大義曉以利害及陳述領袖德意觀
察華北變局係日人策動宋韓均不滿於內有懼於
外昧於大勢遂為外人操縱並非具有叛國之心

24 年 11 月 18 日

自青島發

號次：5975

南京蔣委員長鈞鑒：

茗密。懇密譯。鴻烈銑夜抵濟，聞花谷武官亦於同日
乘飛機到濟，韓已召其所部師長五人齊集濟垣開會，
形勢甚為緊張。烈於當晚晤韓部軍政要人數人，詳陳
鈞座德意，密議挽救之方策，咸慷慨激昂，約以次日
分別力爭，務達目的。次早烈與韓晤談，據稱「花
谷武官又代表南大將來濟，仍欲其加入聯合防共委員
會，促令於號日赴平津與宋商，共同主持一切，渠甚
感應付困難」等語。烈即就公私各方面示以大義，曉
以利害。渠甚感動，但仍謂濟南後方運輸困難，中央
援軍又無確實把握，一旦有事誠恐進退失據。烈謂日
方如出重兵進窺濟垣，手續繁多，絕非咄嗟所可立
辦；濟南北有平、津，東有青島以為屏蔽，毋庸預為
驚擾。即一旦有事，蔣公絕不置國防攸關之山東及為
國圖存之疆吏於度外。蔣公歷史具在，烈可擔負全
責。渠又謂數月來日人希望甚殷，倘我方長此敷衍，

仍無具體辦法，恐陽曆年底平、津方面終不免釀成巨變，屆時政府如置平、津於不顧，則山東亦當受其影響。烈謂平、津善後事宜，中央已在積極洽辦之中，縱將來平、津不幸多故，屆時山東亦可徐謀應付，毋庸以異日莫須有之事，作為目前恐慌對外之根據；況中央對平、津防務亦自有切實籌劃，否則晉、綏將成孤立，蔣、閻兩公必早已計及云云。反覆辯論，渠始謂「本人處此環境，雖不得不力與敷衍，但絕不聽日人之言前往平、津，並不與彼簽定任何協定，請為放心」等語，其言語態度似非虛偽。同日，濟南張鴻烈廳長亦另約各廳長謁韓，詳陳利害，咸以去就力爭，聞渠甚為動容。又各師長處亦由有力者接洽妥協，俟韓召集會議時，尚可作同一之主張。此輩為渠之心腹股肱，其言自更易出效。總之，魯省軍政各方人心未死，倘目前別無重大變化，則山東現狀應可仰叩德威，暫為維持。茲更有言者，華北目前變局內容除日人勾結及漢奸播弄外，似以宋、韓為樞紐，宋、韓對內則互相協助，期共禍福；對外則互相諉卸，不作罪魁，但均以不滿於內、有懼於外，益以昧於大勢，暗於敵情，遂為外人所操縱，並非具有叛國之心。倘中央於軍事、財政上示以真正協助辦法，使其絕對安心，並將平、津領袖早日確定，使宋能切實負責，則宋、韓既有恃無恐，不必另求自存，庶外人之離間、恐嚇亦將無所施其技，其於華北局勢或不無稍有裨益。冒昧直陳，並乞鑒恕為禱。鴻烈本早到青，地方

安謐，堪紓廑系，謹此併陳。

職沈鴻烈叩。巧印。

002-090200-00019-020

■ 1935 年 11 月 19 日

宋哲元秦德純等電何應欽擬在擁護中央系統下與彼方研商不干涉內政等

24 年 11 月 19 日

自北平發

宋哲元等皓電

南京部長何：

○密。巧電訓示，極仰藎籌。惟刻下環境至為明顯，似非少數日本軍人自由之行動。彼方要求必須華北脫離中央，另成局面。迭經拒絕，相逼益緊，不得已擬在擁護中央系統之下，與之研商，以（一）不干內政；（二）不侵犯領土主權；（三）平等互惠為限度，作第一步親善表示，此外並無任何接洽。各方謠言，萬不可聽。惟形勢迫促，稍縱即逝，究應如何應付？伏乞密示方針，俾有稟承為禱。

職宋哲元、秦德純、蕭振瀛叩。皓印。

002-020200-00025-086

■ 1935 年 11 月 19 日

蔣中正電宋哲元詳察敵情堅忍主持以救黨國

北平宋司令明軒兄勛鑒：

〇。頃接東京日外交部對我駐日丁代理大使之答覆稱：
「華北為中國領土，如華人不願自治，日本軍官有何辦
法」等語。請兄詳察敵情，堅忍主持，以救黨國。仍託
石敬亭兄本夜來平，面詳近情。盼詳復。

中正手啟。皓酉機京。

002-020200-00025-084

■ 1935 年 11 月 20 日

蔣中正電宋哲元以不干涉內政等三語與之磋商將愈為日方所劫持

來電 6228 號

限兩小時到。北平、天津。宋司令明軒兄勛鑒：
皓電悉。〇密。極密。彼方凌逼日甚，兄處境困難，苦
心應付，既所佩慰，尤切關懷。〇。對兄之公忠，相知
已非一日，中央備極信賴，絕無慮乎離間與謠言。唯來
電所稱擬在擁護中央系統之下，以不干涉內政、不侵犯
領土主權及平等互惠為限度，與之磋商，此則不能不
慮。兄等以委曲周全之苦衷，將適中彼方誘陷之毒計，
因不干涉內政等三語乃國家與國家間之交涉。如據此語
與之磋商，即與擁護中央系統之原則相牴觸。一經開

談，兄等即已超越地方官吏之地位，而將愈為對方所劫持，糾纏靡已，必較現時處境更為苦痛。現中央正與彼方政府為整個之磋商，已在開始進行中。有吉將於本日下午來談，兄此時宜仍本初旨，堅定應付，以寢其謀，或告彼方逕與中央解決。萬一彼方因此不滿，對兄等為局部之壓迫，中央必當以實力為兄等後盾，絕不令兄部獨為其難，而與兄等為共同之犧牲也。石敬亭兄面告之語，想邀□□紹文、仙閣兩兄，請並以此電示之。○○。

　　　　　此稿於十一月二十日午後三時。中正。
核定後即發。　　□□附註。

　　　　　　　　　　　　002-020200-00025-087

■ 1935 年 11 月 20 日
蔣中正電沈鴻烈韓復榘商震均來電不赴平津則華北事當可延緩

急。青島沈市長勛鑒：
效酉電悉。茗。北平昨日情勢確危，以土肥本限宋於昨三時作確實答覆，發表自治防共委員會名義，不料宋於前二時離平赴津避見土，因之蕭大失所望，而日內閣亦制止土肥策動，由有吉與中央直接洽商，故土亦赴津，不願再有表示云。韓、商均來電不赴平、津，以示拒絕，則華北事當可延緩。本申有吉來見，待其結果如何？再報。

中正。哿申機京。

002-020200-00025-089

■ 1935 年 11 月 21 日

商震電蔣中正今早中井參謀抵保定透露華北自治組織係外務省與軍部一致主張自治組織已得韓復榘宋哲元等之同意等

24 11 21

清苑

6125

特急。南京中央軍校委員長蔣鈞鑒：

荄密。極密。今早十一時，天津日駐屯軍中井參謀偕平井通譯官飛抵保定，當令秘書長招待，告以震在醫院養病，經該參謀力請，因在醫院延見，據談「（1）華北自治組織係外務省與軍部一致主張，並非少數人所策動。（2）自治組織已得韓、宋等之同意，震遲不赴平，並服從中央命令調動軍隊，平津方面咸疑為有意破壞自治運動。（3）希望三、五日內病如痊癒，速赴平津協商，或先派代表前往。（4）廿九軍不致有反對卅二軍舉動，日方可以保證」等語。彼等坐談十餘分鐘，震祇以頭暈不便多談，俟病痊再議，含混卻之，並催令離保矣，謹聞。

商震叩。馬申機印。

002-080200-00259-042-002a～003a

■ 1935 年 11 月 22 日

蔣中正電宋哲元商震等唐有壬續向有吉申述中央絕對不承認華北自治運動

廿四年十一月廿二日下午擬稿

分發。特急。濟南韓主席向方兄、天津宋司令明軒兄、保定商主席啟予兄：

○密。皓日中接見有吉，晤談情形敬之兄已摘要，電告計達。養晨，唐次長有壬續向有吉申述，謂中央絕對不能承認華北為類似獨立之自治運動，中、日雙方均應努力改善北方狀態，應速調土肥原離開華北。我方則照中皓日所言辦法，由中央另設有力機關，派遣大員，凡軍、民兩政及中、日間一切事件，均交其處理。又三大原則中，第二點之關內外人民間之經濟聯絡，第三點之在北方邊境之共同防共，亦由該機關辦理，日方則應將策動自治運動之將士調開及制止等語。有吉答謂：（一）渠對蔣委員長之表示認為明瞭率直，可以滿意。（二）關東軍絕不至以武力迫成自治運動，土肥原等不能代表關東軍，且設法使其離開華北。（三）如華方將領對於自治運動能作不贊同之明白表示，則策動者更無從施其技。（四）昨、今兩日談話均當報告東京等語。有吉於今日下午返滬，候東京訓電。照現在情形，頗有轉機，一切當隨時續告。知念特聞。

中正。養戌秘京。

■ 1935 年 11 月 25 日

宋哲元電蔣中正本晨忽有自稱華北人民自衛團者占天津市政府

24 11 25

天津

6238

限即刻到。南京委員長蔣鈞鑒：

苪密。今晨七時餘，忽有便衣隊約六、七十人自稱為華北人民自衛團，持械闖進天津市政府，以請願為名實行占領，同時在津沽保安司令部亦同樣占據。現程市長正設法辦理中。謹聞。

職宋哲元叩。有辰。

002-020200-00025-091-003a

■ 1935 年 11 月 25 日

蔣中正電宋哲元灤東津市相繼發動其他地方亦必有所策動望嚴密戒備

天津、北平。宋司令明軒兄勛鑒：

苪。灤東、津市相繼發動，其他地方亦必有此策動，望兄嚴密戒備，務照中日前函電及敬亭兄所告者辦理。昨日擬派劉健群兄北上詳達一切，近狀如何？盼復。

中正。有亥機京印。

002-020200-00025-092

■ 1935 年 11 月 26 日

蔣中正電商震已發表宋哲元為冀察綏靖主任特派劉健群北上請與詳商

保定商主席勛鑒：

茭。本日行政院議已發表明軒為冀察綏靖主任，因內部各種問題須切實妥商，特派劉健群同志今晚北上面洽，請與詳商一切。

中正。宥巳機京。

002-020200-00025-093

■ 1935 年 11 月 27 日

蕭振瀛秦德純電蔣中正日方壓迫益緊占豐臺車站祈何應欽北來主持

24 11 27

北平

6363

即到。南京委員長蔣鈞鑒：

○密。自明令發表行政院駐平長官及冀察綏靖主任後，日方壓迫益緊，占據豐臺車站，增兵長城各口，意在威脅華北，打破中央整個外交步驟，情勢極險。除鎮靜交涉，苦撐待命外，伏祈速促何長官剋日北來主持一切，毋任禱盼。

職蕭振瀛、秦德純叩。感印。

002-020200-00025-095-003a

■ 1935 年 11 月 29 日

沈鴻烈電蔣中正據北平電近來日軍增兵天津目的在壓迫商震所部撤退離冀使宋哲元繼任再促使其宣布自治等

24 11 30

青島

6465

南京蔣委員長鈞鑒：

〇密。據北平豔電稱：「近來天津日軍及軍用飛機積極增加，聞其目的在促成津市自治，並壓迫天津周圍卅里之商軍撤退。此兩事實現後，當更進一步逼迫商部離冀，使宋繼任商職，奄有察、冀兩省，即迫宋宣布自治。日前宋曾邀韓、商到平協商，昨日復約平、津名流王揖唐等討論時局，均被拒絕。宋部各師長如張自忠、劉汝明等均反對自治甚力，秦德純尤主慎重」各等語，謹陳所聞，以便參考。

職沈鴻烈叩。豔印。

002-080200-00259-131-002a

■ 1935 年 11 月 30 日

沈鴻烈電蔣中正土肥原賢二高橋坦先後訪宋哲元迫以宣布自治

24 11 30

青島

6506

急。南京蔣委員長鈞鑒：

茗密。頃接北平豔戌電稱：「土肥原、高橋先後訪宋，迫以宣布自治。宋昨夜召集部屬，會議甚久，當派劉參謀長赴保，約商來平會議，並於同晚將城外宋軍密調回圍入城」等語，謹此陳聞，藉供參考。

職沈鴻烈叩。卅印。

002-020200-00025-096-003a

■ 1935 年 12 月 1 日

何應欽電蔣中正冀察平津二省市問題二則

24 12 1

路局

6592

南京委員長蔣：

頃接北平嚴寶豔亥電稱：「渝密。早川致東京訊：（1）冀察、平津二省市之第一步問題以陷為期，達到起事之第一步。豔夜大體已經決定。（2）某氏之

通電，事實上對國府絕緣，為樹立二省二市某項第一
聲」等語。謹聞。

職應欽。東巳秘印

■ 1935 年 12 月 1 日

孔祥熙電蔣中正請速派楊耿光密往勸蕭振瀛先離開並予宋哲元實質利益等

24 12 1

上海

6605

限即刻到。南京蔣委員長鈞鑒：

啜密。頃據平電，宋、蕭半獨立式之局面似益具體化，
日內即將實現云。觀此情形，蕭因察省主席有名無實，
希望津市亦未發表，要求不遂，已成騎虎之勢。而宋為
日人利誘，亦難免無動於中〔衷〕。頃孫吉隆來言楊耿
光與蕭甚契，最好請兄速派耿光再行祕密飛往一洽，法
設〔設法〕先使蕭能安心，勸蕭先行離開，則日方失其
對手，有技亦無可施。並予宋以實質利益，或可稍有轉
機。否則，華北關、鹽兩稅設為截留，則惡例一開，同
樣賣國者不止宋之一人，難免不援例而起，即魯、晉亦
是問題。惟局面複雜，即前談程克之事以及王揖唐、曹
汝霖輩似亦須分別使人牢籠，免其群居終日，純為私利
是圖。此種辦法雖已行乃太遲，但在事變未發之先，似

仍不能不如此。以誠特電奉陳，敬祈核奪。

弟熙叩。東戌滬寓印。

002-080200-00260-013-002a~003a

■ 1935 年 12 月 1 日

吳醒亞電蔣中正轉蔣方震報稱佐藤俏與有吉明談入京需談中日防共問題而華北當局為日方共同防俄對象並稱若中央軍不入河北關東軍絕不入關等

24 年 12 月 2 日

自上海發

號次：6604

即到。南京蔣委員長鈞鑒：

〇密。蔣百里先生囑轉之電如下：「今午後佐藤武官出示其駐平輔佐官來電兩通，一謂聞有吉將入京即不談華北問題，北方日人亦感不快，務請設法阻止有吉入京。二謂何若北上，則事件亦感糾紛，可見北方日人畏懼心理。佐藤面告三點：一、昨夜力勸有吉早日入京，宜先談第三條防共問題；二、東京聞委長躬負行政責任，陸軍派輿論大為好轉；三、自治問題原來是假，但日本為對俄計，北方須得一靠得住朋友。我合作者卻是不變的真意，現在困難在彼此多有懷疑，否則難題一夕可解。震詰以事實上如何解決，彼微笑謂多田小冊第六項即係痛罵宋、商者，故未曾公開耳。

意指日人在北方並無真心助宋脫離中央，果何部長有
辦法，事實易辦。惟現在只能先承認人，而後談辦法。
又外交系人言關東軍除非中央軍開入河北境，絕不入
關，駐屯軍借〔藉〕演習以圖宋則有之」等語，謹呈。

職吳醒亞呈。東灰印。

002-090200-00015-460

■ 1935 年 12 月 2 日

沈鴻烈電蔣中正軍事委員會北平分會重要人員云現已決定組織北方行政委員會

號次：6634
姓名或機關名：沈鴻烈
來處：青島
冬電
12 月 2 日到
12 月 2 日送出
摘要：
據北平東亥電稱：「蕭語軍分會重要人員云，現已決定
組織北方行政委員會，委員由人民選舉，或請中央加
委。財政方面，只關稅暫不截留，其餘稅收概行留用。
此項辦法，無論中央允許與否，何敬之來平與否，決即
實行。何敬之偕陳公俠、殷同生等北來，值多田被日軍
官刺殺，生死未卜，陳、殷等欲利用多田已不可能，想
何亦不敢來平」等語，謹聞。

擬辦：

青島沈市長冬電悉。　中。冬戌機京。

批示：

復悉。

002-020200-00025-103

■ 1935 年 12 月 3 日

殷同電楊永泰頃晤川越茂今次事態之解決不在政治而在經濟的自治如任宋哲元為冀省主席付以辦理地方建設之權留用部分中央稅收或可緩和

24 年 12 月 3 日

自天津發

號次：4468

特急。南京中國銀行楊暢卿先生賜鑒：

付密。頃晤川越總領事，據告彼個人意見，今次事態之解決，不在政治的自治，而在經濟的自治，如能：（1）任宋為冀主席；（2）付以河北省以辦理地方建設如鐵路、港灣、道路、鑛冶等權；（3）准其留用中央稅收之一部為建設基金，而對於（2）、（3）兩項可別設機關，限定用途。果如此辦，事態或可緩和，但以在京與須磨或有吉交涉方易奏效，所言又別具一格。特達，以供參考。

桐叩，江午印。

002-080103-00019-077

■ 1935 年 12 月 3 日

朱家驊函轉蔣中正清華大學教授蕭一山分析華北局勢一函

介公委員長鈞鑒：

頃接一山兄自平來函，所舉北方情形可資參考，故承一山兄之囑，為轉達於左右。至其中維繫人心一言，以為頗涉重要，且國際形勢漸已注重東方問題，而國內人心趨向一致，應敵制變，希望尚多。未知鈞意目為如何？肅此。敬頌鈞安

朱家驊謹上。十二月四日。

騮先吾兄部長大鑒：

久疏奉候，企慕為勞。月來國事阽危，大局動搖，憂心北望，暫返故鄉，見聞所及，頗足供中央之參考者，諒必不以草野而忽之也。宋為北方重心，實力遠過於商。其人初尚具國家觀念，不甘為敵傀儡，但以不識國際情勢及外交策略，受蕭振瀛一人之播弄，依為腹心，故暗中主持者均蕭氏也。蕭為人粗暴，惟利是視，前欲為北平市長，未償其願；欲為察省主席，而中央則發表張自忠代理，蕭認為中央故意離間，又以高橋所造商氏請蔣公扣留蕭氏之偽電，遂變本加厲，詆毀中央，無所不用其極。前曾召集新聞界，令儘量發表反中央之言論。土肥原日在其家坐催，蕭亦頗拉攏失意軍人及政客如吳佩孚、齊燮元、王揖唐、曹汝霖等。廿五日宣布自治之期

限既過，廿八日曾有會議，王、曹亦與焉，攤定先總辭職，而後由維持會推選政務委員，旗幟、標語、宣言均已攤就。三十日晚，蕭並草出與關東軍協定之初稿，因聞何氏北來，暫行停止其計畫。弟昨已同孟真商酌，由沈局長代轉吾兄協定初草，弟由原執筆人手中索得附函，奉上昨報所載程克及商會之通電及今日報載秦德純之電，蓋即其先聲也。何氏北來有何辦法固不得知，但以其過去之成績及所偕之人員均為親日分子，其辦法必仍出於敷衍了事，以全體面，而華北乃名存實亡矣。且何以光桿而能震攝〔懾〕華北乎？蕭之野心，曹、王輩奸謀，何以戢之？即令敵方肯讓步，則隱憂仍未能已。且華北一去，則全國必瓦解，何以惟〔維〕人心？今敵鋒已到，徐、汴將來抵抗，糜爛全國，未必為利。弟愚以為此刻不僅為蔣先生及中央威信所繫，亦吾國生死存亡之關鍵，萬不可再蹈東北、熱河及梅何口約之覆轍，使敵蠶食而至腹心，雖欲動不能矣。中央應下最大決心以全力保護領土，立將軍隊分散各處，準備游擊拼死戰。敵方矯虛，未必肯犧牲，則外交可操勝算。否則情怯而闇弱，則外侮日進無已。兵法：「置之死地而後生」；蘇老泉謂：「以地事秦，如抱薪救火，地不盡，火不止」；又云：「今日割五城，明日割十城，起視四境，而秦兵又至矣」，均足發人深省。中央如置華北於化外，則中原、西北亦不可保，西南當視為口實。此刻中央所顧慮者為共匪、為西南，但似均有相當辦法，絕不類敵人之毒辣陰狠也。吾兄倘能將彼意向介公轉陳，

並極力主張，不勝大願。日內返汴，依裝匆書，即請勳
祺石暘。

> 弟山手啟。十二月三日晨。
>
> 002-080103-00019-015-002a~007a

■ 1935 年 12 月 4 日

何應欽電蔣中正宋哲元等與多田駿晤面日方言及反對國民黨反對蔣中正軍事上擬統制華北擬利用華北經濟開發資源

24 年 12 月 4 日

北平

6731

南京委員長蔣：

支辰機京電敬悉。哂密。職到平與明軒、紹文、仙閣等
晤談，據云「彼等迭次與日方多田晤見，察其所言約可
歸納以下數點：（1）反對國民黨；（2）反對蔣委員長；
（3）軍事上擬統制華北；（4）擬利用華北經濟開發華
北資源。至於所謂自治者，本使自治政府脫離中央，尤
其是經濟使與南京絕緣。但彼等為使中央有應付之餘
裕，僅由仙閣、紹文與土肥原敷衍，迄至現在絕未簽過
一字」等語。又聞日方以自治策動不成，近復企圖唆使
各地便衣隊準備暴動擾亂。謹聞。

> 職應欽。支巳行秘印。
>
> 002-080103-00019-021

■ 1935 年 12 月 4 日

何應欽電蔣中正稱據報蕭振瀛等擬仿西南成例設立政務委員會並與日方訂立協定

24 年 12 月 4 日

北平

6743

南京委員長蔣：

哂密。極機。據報「此間一部分人（如蕭仙閣等）擬在北平設一仿西南成例之政務委員會，在此預定之政委會成立後，擬與日方訂三個協定：（1）第一協定之內容：一、不侵占領土；二、不侵犯主權；三、不干涉內政；四、不聘帶干涉性之顧問；五、平等合作。（2）第二協定之內容為：收回戰區，河北、察省、東北固有之省境為假定國境線。（3）第三協定之內容為：收回多倫，完成察省土地。聞第一協定日方已同意，第二、第三只允考慮」等語。

職應欽。支申行秘印。

002-080103-00023-001-012a

■ 1935 年 12 月 4 日

何應欽電蔣中正駐平長官一職絕不能就任冀察之事仍宜畀宋哲元負責

號次：6765

姓名或機關名：何應欽

來處：北平

支戌行秘電

12 月 5 日到

12 月 5 日送出

摘要：

職到平後，觀察所及，認為駐平長官一職絕對不能就任。以對內言，鈞座致明軒東巳機京電既以面允職不就長官之言告之，職晤明軒時亦告以此來專為幫助其解決時局問題，絕不就任長官；以對外言，日方種種壓迫永無止境，職豈能長久忍受？故冀、察之事，仍宜畀宋負責處理。鈞座處理華北問題，或令岳軍、有壬與日方接洽時，乞注意此事。

批示：

北平何部長勛鑒：

支戌電悉。渝密。關於華北與冀察之組織意見，請兄斟酌當地情形擬定具體辦法，呈報中央候核可也。

中。〇。微巳機京。

002-020200-00025-107

■ 1935 年 12 月 5 日

何應欽電蔣中正宋哲元受日人逼迫甚緊經商決將設立冀察政務委員會由宋哲元任委員長絕對避免自治名目等

24　12　5

自北平發

號次：6785

特急。南京委員長蔣：

〇密。極密。今晨明軒派人來見，據言日方逼迫甚緊，須於今、明日內決定辦法，否則宋惟有避往他處。又謂宋自己擬有三個辦法：（1）如放一槍一砲，即可成名。（2）帶兵退出，不失封疆大吏。（3）為敷衍他人，為國家守領土、護財源、安人民，使國家有一機會，以安全局，乃最痛苦之事等語。職與公洽、天翼兩兄一再考慮，認為惟有遵照鈞座指示之最後辦法：（1）設立冀察政務委員會。（2）委員及組織由中央決定人選，以適宜於北方環境為標準，並任明軒為委員長。（3）一切軍事、外交、政治、經濟保持正常狀態。（4）絕對避免自治名目及獨立狀態供日人壓迫，中央與地方一致行動。已託人示意明軒，大約能如此辦理，則內外暫可相安。刻正約明軒、紹文、仙閣來談，擬囑其依此原則擬定方案，呈候核示，餘情續陳。

職應欽。歌午行秘印。

002-090200-00016-014

■ 1935 年 12 月 6 日

何應欽電蔣中正聞土肥原賢二等計畫已定對天津策動甚急事變隨時可以發生

24 12 6

北平（有線）

6832

特急。南京委員長蔣：

哂密。極密。（1）聞土肥原等計畫早已確定，勢在必行，將河北分為四省，一平、津、保，二戰區，三滄州、大名，四彰德、順德。（2）土肥原等對天津策動甚急，事變隨時可以發生。職到平之前一日，即擬實行暴動，經公安局長劉玉書設法制止。（3）平市昨晚有便衣隊民中二十餘人乘汽車來中南海請願，有要求自治者，有催就長官職者，分子複雜，似為某方主使。經派人勸散，但聞尚擬擴大請願，平郊附近每戶須派一人參加。（4）目前必須先使內部一致，然後可言對外。但聞無論採取何種方案，宋必須兼任冀省主席，此為癥結所在。若對啟予另無安插之法，專任軍長，不識渠是否願意。（5）宋昨赴西山，蕭亦往天津。宋對外發表談話，意在使職獨任其難，獨負其責。職實處於進退維谷之境。（6）劉玉書昨來平，據言酒井個人頗不贊成土肥原、多田等之作法，已囑玉書探其意向所在及有無補救之辦法。（7）中央最近決策如何？外交方面接洽有無進展？務乞隨時密示，或囑暢卿、有壬隨

時電告，否則職在平消息隔絕，必有窮於應付之時也。

職應欽。魚午行秘印。

002-020200-00025-109-003a~004a

■ 1935 年 12 月 6 日

何應欽電蔣中正日軍擬於華北造成自治運動等情

24 12 6

北平

6833

特急。南京委員長蔣：

○密。極秘。綜合各方面觀察：（1）日軍人陰謀在華北造成事實使其中央部承認，此間各種情報多未通報。磯谷、雨宮對其中央部亦未完全呈報。（2）自治運動勢在必行，先以威嚇，如不行則用便衣隊助以實力。（3）日人所希望之自治，由現在華北實權者幹，不許中央置喙。謹電參考。

職應欽。奐午秘二印。

002-080103-00019-003-002a

■ 1935 年 12 月 6 日

何應欽電蔣中正等五六兩日除有二三十人請願外尚無他項暴動事件發生及宋哲元當不至有逼迫舉動及寧可聽其自治暴動亦不宜由中央承認下成立與自治相類似之組織等

24 年 12 月 6 日

自北平發

號次：a4852

特急。南京軍委會楊秘書長暢卿兄請呈委座並轉益之、孟瀟、有壬諸兄：

魚申電奉悉。哂密。極秘。茲綜合日來各方情形及弟與公洽、天翼兩兄意見，奉復如下：（1）此間昨、今兩日除有二、三十人之請願外，尚無他項暴動事件發生。（2）日來日方謠言云宋不願與弟見面，絕非事實，尚請守秘。（3）此間仍堅持昨呈委座歌午行秘電四項原則之主張。（4）宋及其所部當不至有逼迫弟之舉動。（5）寧可聽其自治暴發，不宜由中央之承認下，成立與自治相類似之組織，免予以法律上之根據。（6）弟既來此，似宜俟諸事告一段落始歸，不能因其恫嚇即行回京。（7）喜多銜其參議部之命，即將來華。關於華北問題，擬請中央在二、三日內暫勿與日方接洽，免與此間步調分歧。（8）美國務卿赫爾宣言有無何種影響，祈密告。

弟應欽。魚戌行秘印。

002-090200-00016-005

■ 1935 年 12 月 6 日

楊永泰電何應欽有關日方表示河北自治的立場與人選

特急。北平居仁堂何部長敬之兄：

歌酉行秘電敬悉。〇密。支日上午，有壬在滬晤磯谷，渠表示由中央宣布給予何部長以六項之權，並指定河北為自治省分，在中央法律之下試行自治，此為上策。如中央確難辦理，則由何部長自行宣布六項之權及河北為自治區，此為下策。如能行此兩策之一，則中央對內、對外皆有立場，渠認為即令前途不無小麻煩，大致上已可解決等語。下午晤有吉，渠表示對六項權限無問題，但因過去關係，何部長實不宜於華北，最好以宋為主體，而賦以同樣權限等語，對人選一層尤認為特別重要。今日上午，須磨來部晤有壬，表示事機已迫，最好由何部長保荐宋為河北當局，並賦以某種權限，何部長本人即行南下，則此事即可告一段落等語。旋雨宮來晤，謂華北局面緊張已極，恐明日即爆發，最好何部長以回京報告為名表示即將南下，否則更糟等語，意似恫嚇，特電參考。究竟實情如何？盼即電示。

弟永泰叩。魚申。

002-080103-00019-085

■ 1935 年 12 月 7 日
唐有壬電張羣頃晤有吉明談話要點並祈轉楊永泰

來電第 72702 號

來自何人：唐次長

來自何處：上海

發電：24 年 12 月 7 日 18 時 09 分

收電：24 年 12 月 7 日 18 時 30 分

急。南京外交部電報。科長親譯。送首都飯店二一五號。

張岳軍先生勛鑒：

極密。頃晤有吉，譚〔談〕話要點：（一）渠對作民傳言之第三者說，謂係堀內醉言，不足為憑，仍主明軒；（二）在明軒權限未明以前，若何部長遽離北平，則問題仍未解決，且恐明軒有自行宣布之事發生，則困難更多；（三）自治不過其名，根本問題仍在明軒之權限等語。謹聞。並祈轉達暢公為荷。

有壬叩。陽。

002-080103-00019-033

■ 1935 年 12 月 7 日

何應欽電詢蔣中正萬一日方必欲促成華北自治運動而廿九軍又不明確表示其態度時應如何應付

24 12 7

北平

6839

特急。南京委員長蔣：

渝密。極秘。據報，今日土肥原曾對張自忠、張允榮表示「華北新組織必須與中央明白脫離」等語。萬一日方必欲促成其所謂自治運動，而廿九軍又不明確表示其態度時究應如何應付？乞密示。

職應欽。虞子行秘印。

002-080103-00019-036

■ 1935 年 12 月 7 日

蔣中正電何應欽言蕭振瀛訪多田駿酒井隆對其方案大致同意仍請暫駐平洽商

北平何部長勛鑒：

虞子電悉。哂。頃據蕭仙閣魚亥電稱，今晨訪多田、酒井商後，對何部長帶來方案大致同意，惟激烈派尚在堅持，現正繼續交涉中等語。如有一線希望，則請兄仍暫駐平洽商，否則可先移駐保定，暫觀形勢也。

中正。陽巳機京。

002-020200-00025-112

■ 1935 年 12 月 7 日

何應欽電蔣中正冀察政務委員會暫行組織大綱

24 12 7

北平（有線）

6880

特急。南京委員長蔣：

哂密。職連日與明軒、仙閣、紹文諸兄就冀察問題詳加研究，認為為使各方相安起見，擬即組織冀察政務委員會，其暫行組織大綱如下：「第一條、國民政府為處理河北省、察哈爾省、北平市、天津市政務便利起見，特設冀察政務委員會，綜理各該省市一切政務。第二條、本會設委員十九人至二十七人，就中指定一人為委員長，並指定三人至五人為常務委員，其人選由國民政府特派之。第三條、委員長總攬本會會務。第四條、常務委員襄助委員長處理本會會務。第五條、本會會議規則另定之。第六條、本會暫設左列三處：一秘書處、二政務處、三財務處。第七條、本會設秘書長一人掌理秘書處事務，設政務處長一人掌理政務處事務，設財務處長一人掌理財務處事務，必要時各處得酌設副處長一人，其組織及辦事細則另定之。第八條、本會得酌設顧問、參議、諮議、專員若干人。第九條、本會在不牴觸中央

法令範圍內得擬定單行法規，呈請國民政府行政院核准備案。第十條、本會會址設於北平。第十一條、本暫行組織大綱於必要時，得隨時呈請國民政府修改之。第十二條、本暫行組織大綱自公布之日施行」等語，謹乞鑒核，轉請中央迅予核定。至公布日期，俟商妥後再電呈。如何？盼速示。

職應欽。虞午行秘印。

002-080103-00023-001-019a~020a

■ 1935 年 12 月 7 日

蔣中正電何應欽冀察政務委員會組織大綱第九第十兩條應改正字句

何部長勛鑒：

虞午電悉。哂。冀察政會組織大綱第九條「擬訂單行法規，呈請國民政府備案」句應改為「呈請國民政府核准備案」。第十條「組織大綱於必要時，得隨時修改」之句，應改為「於必要時，得呈請國民政府修改之」。其餘大致可行，然修改之處或不必與對方再商，到時送由中央發表。何如？

中正。陽戌機京印。

002-020200-00025-114

■ 1935 年 12 月 7 日
**何應欽電蔣中正修正冀察政務委員會組織各點
須加行政院三字等**

24 12 8
北平
6906
南京委員長蔣：

陽戌機京電奉悉。哂密。鈞座擬加修正各點，至實妥
貼。但原案第九條「國民政府」四字之下尚有「行政
院」三字，請於轉呈中央核定時分別加入。職意必須加
「行政院」三字者，蓋所以別於西南政委會之組織，以
明其範圍較為縮小也。至此項組織條例並未與對方相
商，故修正案自亦無與對方再商之必要，謹併呈明。

職應欽。陽亥行秘印。

002-080103-00023-001-023a

■ 1935 年 12 月 7 日
**楊永泰電何應欽據蔣方震電稱喜多誠一所攜方
案比較平和關東軍無入關意圖私意何應欽似不
必早求解決等語**

24 12 7
上海
6896

限即到。南京蔣委員長鈞鑒：

苘密。頃蔣百里先生囑轉之電文如下：「日友被派來告喜多所攜日中央案比較平和，東軍確無入關意，土肥原實係陳、蕭招來。且彼等曾對多田示意，故宋對日此時無法交代，然其部下現陸續集中有八、九萬人，大部對陳、蕭不滿，飛機之來目的在威嚇宋部下等語。私意急脈緩灸，此時何部長似不必早求解決，八日後中央組織既定，若能使有吉入京，必能使北方進行順利」等語，特呈。

職吳醒亞呈。虞酉印。

002-080103-00019-040-003a

■ 1935 年 12 月 7 日

閻錫山電蔣中正接商震來電極力主張何應欽對華北勿急謀解決勿輕離北平以留迴旋餘地

24 年 12 月 8 日

自陽曲發

號次：6904

南京蔣委員長鈞鑒：

義密。頃接商主席來電，文曰：「華北外交緊急，得何部長毅然北來，而倫海會重開，我國際形勢好轉，華北人士方一致企望外交上或可略有轉機。乃聞何部長到平後，蕭、秦等主張以冀察政委會代替偽自治，其辦法：委員由中央任命，而付與以廣泛之自治職權，委員擬任

冀、察兩省及平、津兩市當局暨王揖唐、曹汝霖、齊燮
元等。如此，則名義雖有不同，兩省仍同斷送。區區之
愚，實難贊同。竊以為何部長如能在平鎮定堅守，勿輕
允冀、察兩省脫離中央，在此時機，彼方絕不出以積極
行動。果不得已而用兵，我寧作壯烈之犧牲，絕不作輕
輕之斷送。最要關鍵，總望何部長勿急謀解決，勿輕離
北平，以留迴旋之餘地。擬懇鈞座速與蔣委員長電商，
另謀解決方法，或電何部長加以指示，俾資挽救，是所
至禱。」當致石總辦華巖一電文曰：「頃接啟予來電，
極力主張何部長對華北之勿急謀解決，勿輕離北平，以
留迴旋餘地，與我所見正同，希密陳何部長可否採納啟
予之建議，此間已派人赴京與蔣委員長商籌協助敬之兄
解決辦法矣」各等語，謹錄奉聞。再，黃處長臚初來電
轉達鈞意，亦已接悉，容另奉復。

山叩。陽亥印。

002-090200-00016-001

■ 1935 年 12 月 8 日

**何應欽電蔣中正言商震意冀察綏署及政務委員
會成立後不便續任河北省主席**

24 12 8

北平

6925

急。南京委員長蔣：

哂密。極密。商啟予兄昨派人來言「冀察綏靖公署及
政委會成立後，彼不便繼續任冀省主席，擬電中央懇
請辭職」等語。此事亦為問題癥結所在，啟予所言確
係實情，其辭電到時擬請俯予照准，即以明軒兼任。
謹電鑒核。

職應欽。齊辰秘二印。

002-020200-00025-115-003a

■ 1935 年 12 月 8 日
**何應欽電蔣中正稱河北問題重心完全在廿九軍
請對宋哲元等示以信任等**

24 12 8
北平
6945
限即到。南京委員長蔣：
哂密。極密。河北問題重心，完全在廿九軍。迭電所呈
解決辦法，即係著重此點。益就目前環境及實際情況
言，惟有對明軒、仙閣、紹文諸人表示信任，結以恩
義，方能期異日得其死力。至日方如何，暫時似不必過
於顧慮。頃電修改冀察政委會組織大綱第八條條文，務
乞俯予照准。又啟予兄辭冀主席電如到，擬請即以明軒
兼任，與仙閣長津市，張自忠真除察主席，明令即日同
時發表。時機迫切，伏乞鑒准示復。

職應欽。庚申行秘二印。

002-080103-00023-001-027a

■ 1935 年 12 月 8 日

何應欽電蔣中正乞於九日由國府明令發表冀察政務委員名單計有宋哲元萬福麟商震等十五人等

24 年 12 月 8 日

自北平發（有線）

號次：6947

特急。南京委員長蔣：

晒密。極密。仙閣、紹文交來冀察政務委員會委員名單，計：宋哲元、萬福麟、商震、王揖唐、劉哲、李廷玉、齊燮元、胡毓坤、高凌蔚、蕭振瀛、秦德純、張自忠、程克、周作民、門致中共十五人。以宋哲元為委員長，乞即照此名單於明日由國府明令發表。此外尚有委員一、二人俟決定後再補呈發表，至組織大綱公布日期，亦俟決定後再呈。

職應欽。庚申行秘三印。

002-090200-00016-078

■ 1935 年 12 月 8 日

何應欽電蔣中正擬俟冀察政委會委員發表後即回京及請示宋哲元權限

24 12 8

北平

6951

特急。南京委員長蔣：

哂密。極秘。職擬俟冀察政委會委員發表後，即行離平回京。惟因此種方案僅為內部人事之安頓，至於明軒今後權限如何，似日方所必追問，此層應先準備。是否即照職北上時鈞座指示之六項權限賦予明軒，抑須另行指示之處，乞速電示。

職應欽。庚戌行秘印。

此復稿先交楊祕長核對

庚戌電悉。對於賦予明軒之權限，以政委會組織大綱為準，但對中央在冀察之稅收，無論如何不得變更系統或截留。如冀察軍政費果須增加若干時，則中央寧可撥專款補助若干。吾人維繫統一，報答國家，惟此而已，請以此意轉告明軒兄，餘可由兄斟酌處理。

中正。

002-020200-00025-116

■ 1935 年 12 月 9 日

蔣中正電閻錫山詳陳冀察政務委員會成立原則及組織大綱等

譯發

廿四年十二月八日下午十二時擬稿

十二月九日下午四時核發

特急。太原閻主任百川兄勛鑒：

陽亥電、庚巳電均敬悉。嗟密。高見極佩。敬之在平，非辦有相當頭緒，自不輕離。弟默察當前內外情勢，恐已不能再事拖延，否則若待其自行暴發，前途必愈不堪問。蓋應付目前環境，穩定內部為先，對外顧慮尚屬其次。對宋、蕭、秦諸人惟有表示信任，結以恩義，以期異日得其死力。且現正內外勾結，非先謀一下臺地步，亦殊難釜底抽薪。茲酌定四項處理原則：（1）設立冀察政務委員會；（2）委員及組織由中央決定人選，以適宜於北方環境為標準，並任明軒為委員長；（3）一切軍事、外交、政治、經濟保持正常狀態；（4）絕對避免自治名目及獨立狀態（如日人壓迫，中央與地方一致行動）。並本上列原則，擬訂該委員會暫行組織大綱如下：「第一條、國民政府為處理河北省、察哈爾、北平市、天津市政務便利起見，特設冀察政務委員會，綜理各該省市一切政務。第二條、本會設委員十九人至二十七人，就中指定一人為委員長，並指定三人至五人為常務委員，其人選由國

民政府特派之。第三條、委員長總攬本會會務。第四條、常務委員襄助委員長處理本會會務。第五條、本會會議規則另定之。第六條、本會暫設左列三處：一秘書處、二政務處、三財務處。第七條、本會設秘書長一人掌理秘書處事務，設政務處長一人掌理政務處事務，設財務處長一人掌理財務處事務，必要時各處得酌設副處長一人，其組織及辦事細則另定之。第八條、本會得酌設顧問、參議、諮議、專員若干人。第九條、本會在不牴觸中央法令範圍內，得擬定單行法規呈請國民政府行政院核准備案施行。第十條、本會會址設於北平。第十一條、本暫行組織大綱於必要時得呈請國民政府修改之。第十二條、本暫行組織大綱自公布之日施行」等語。其各委員人選，自應斟酌北方情形，慎重考慮。似如此處理，或不失為解決目前糾紛之一道，然後再圖打破對外實際之難關。不審高明以為何如？尚請藎籌詳示為幸。

弟中正叩。佳酉秘京

002-080103-00023-001-106a~109a

■ 1935 年 12 月 9 日

程伯昂電外交部報告日對冀察政委會組織尚未全同意及北平各大學學生反對華北自治運動等情

情報司李司長鈞鑒：

密。二十四號。密報稱，日對冀察政委會組織尚未全同意，各方昨在蕭宅會商，迄晨三時猶未決。又今晨九時，北大、師大等男、女生五百餘赴新華門向何請願，反對自治新組織，門前警衛甚嚴，迄午未散。清華、燕大亦列隊進城，被西直門軍警阻止。

昂叩。佳。

《中日外交史料叢編》第五編《日本製造偽組織與國聯的制裁侵略》，

頁 482。

■ 1935 年 12 月 9 日

何應欽電蔣中正請調整冀察政務委員會委員名單及權限等

24 12 9

北平

6984

即到。南京委員長蔣：

哂密。極秘。頃約仙閣、紹文來談，當決定：（1）委員名額改為十七人至廿七人。（2）委員名單加入賈德耀、冷家庫、李紹賢三人。（3）呈單所列齊燮元務請

刪去。（4）職意商啟予仍以加入為宜，如不加入，顯予宋等以難堪，將來卅二軍不能駐河北，於國防上極不利。（5）特種委員會秦、蕭仍主張不列舉為要，其目的係指經濟、建設、外交等項而言，絕不涉及防共自治一類名目，謹電乞核。

職應欽。佳未行秘印。

譯發

廿四年十二月九日擬稿

十二月九日核發

特急。北平居仁堂何部長敬之兄：

哂密。青行秘電及上委座佳未行秘電均敬悉。委員名額照改加入三人，除賈德耀外，餘兩人電碼有誤，請再賜譯示；齊名照刪；啟予方面，當以尊電所指示者求其諒解；特種委員會不標明性質，委座昨晚頗不謂然。弟意，似可改為「於必要時呈請國民政府、政院核准，得設置各項特種委員會」。未審尊意如何？盼即賜覆。明軒權限問題，尤盼妥籌明定速示，常委五人似亦重要。

弟永泰叩，青戌。

002-080103-00023-001-047a ～049a

■ 1935 年 12 月 9 日

蔣中正電何應欽指示冀察政務委員會組織大綱及委員人選尚屬內部問題惟中央在冀察之稅收無論如何不得變更系統或自行裁留

廿四年十二月九日下午五時擬稿

特急。北平居仁堂何部長敬之兄：

庚戌行秘電悉。哂密。組織大綱及委員人選尚屬內部問題，今後明軒兄權限如何必為日方所追問，若不示以一定範圍，自無從應付一切而勉渡難關。第授權範圍不在廣泛，而最貴明確，以適合明軒兄之立場，使之便於應付對方，而不受其挾持為主，似應就六項權限中重行斟酌當地目前之需要，而明定其限度與範圍。仍請兄等悉心核議，速即酌定電告，俾憑分別訓令照行。惟中央在冀察之稅收，無論如何不得變更系統或自行裁留。如為開發冀察，從事生產，及其他萬不能缺之經費，須稍為增加者，中央當依財政實況寧可指撥專款若干，以資補助。吾人維持統一，報答國家，亦唯此而已。並請以此意轉告明軒兄為幸。

中正。青酉秘京。

002-080103-00023-001-084a~085a

■ 1935 年 12 月 10 日

唐有壬與須磨晤談關於學生反對自治運動之抗議紀錄

在座：

時間：民國廿四年十二月十日下午四時〇分

地點：本部

事由：關於學生反對自治運動之抗議

須磨：最近北平大學生反對自治運動，舉行示威遊行，此事難免擴大，南京或將波及；不但妨礙地方秩序，且亦不無惹起誤會之虞，希望貴國予以制止。茲送上備忘錄一件。

唐次長：此事原因全在貴方假借名義，以致學生有此表示；故此項問題之解決，非當局之鎮壓問題，而在貴方以後勿再有假借名義之舉動，出以開誠布公之態度。如此，河北問題可合理的解決，上述舉動自然可以消滅。

須磨：余所希望者，請貴國注意此事，勿令其擴大耳。

《中日外交史料叢編》第五編《日本製造偽組織與國聯的制裁侵略》，

頁 482-483。

■ 1935 年 12 月 10 日

孔祥熙電蔣中正主張冀察政務委員會應酌加中央人員並冠以行政院字樣

24 年 12 月 10 日

自上海發

號次：7058

限即刻到。南京。蔣委員長：

○密。冀察政委會關係重要，弟意：（一）人選除羅致地方當局、在野名流外，似應酌加中央人員，否則將來開會時無人能為中央發言，一切決議難免不有破壞政令統一之處。（二）名稱似應酌加「行政院」三字於上，以明系統。因歐美輿論頗多誤解，以為中央不應自行放棄主權，且有謂該會為東亞協會之變相者。（三）查各國對於軍政、財政、外交三權均由中央主持，將來規定該會職權似應妥慎，以防尾大不掉，漸成獨立之勢。特電奉陳，敬祈察奪。

弟熙叩。蒸酉滬寓印。

上海孔部長庸之兄勛鑒：

蒸酉滬寓電悉。○。尊見甚佩。政委會組織條例內已有行政院核准備案一條，對於人選只有將周作民、王克敏等列入補救。

中。○。真巳機京。

002-080103-00023-001-056a~057a

■ 1935 年 12 月 10 日

蔣中正電何應欽指示冀察政務委員會可不冠行政院字樣及委員應加補王克敏等

特急。北平居仁堂何部長敬之兄：

0757 密。冀察政委會不再冠以「行政院」字樣，委員改定為十七人至二十七人，大綱第八條改為「本會於必要時，經行政院核准，得設置各項特種委員會」，餘悉如擬。連同大綱及人選均定於明日發表，兄切勿急遽回京。政委會成立之始，為維繫人心計，為商決當前未決之重要問題計，務請暫時在平稍候。委員中如有出缺，最好加補王克敏，將來政會之財政事項以王任之，經濟建設事項則以周作民任之，較為適宜。王、周亦為北方不可多得之能手也，請與明軒兄一商如何？

中正。灰亥機京印

002-080103-00023-001-034a~036a

■ 1935 年 12 月 11 日

楊永泰電何應欽稱日本關東軍與駐屯軍各挾意見此層極可注意

廿四年十二月十一日擬稿

最急。限即到。北平居仁堂何部長勛鑒：：

○密。虞日有壬在滬晤有吉，談話要點前已電陳，其

中尚有一節略謂「宋哲元能力不夠，中央不妨將財政、經濟等要務交中央可以信託之人，如王克敏、周作民等，如是則宋居其名，而中央仍握其實權」等語。今晨，雨宮訪有壬，略謂：「此次布置，在中央可謂煞費苦心，然在中央亦未必滿意，其故，由於過信土肥原所致。將來仍有問題，恐仍非由何部長出面收拾不可，一切交涉仍須由中央主持。」有壬答以：「因多田態度堅閉固拒，而土與蕭接洽在先，自然以蕭、土之言為有力。」雨宮謂：「關內之事應找駐屯軍說諾，照現在辦法，兩國並未得益，徒使兩方不良，蕭、土於中取利，殊為可惜。」有壬答：「如關東軍不向關內說話，則蕭、土亦自無從操縱，此點應由日本自己改良。」雨宮謂：「日方正在作此步工夫。總之，迄現在為止所努力者，為求安定的工夫，第二步即為清潔工夫，則蕭、土等適成為對象。此層清潔工夫應由雙方中央做去纔是。」繼謂「商、程等辭職，最好不予許可」云云。察其語氣，關東軍與駐屯軍各挾意見，而磯谷、多田對土尤不睦，且認此次之事由蕭與土包辦，彼等立於旁觀地位，更形不滿，恐不久駐屯軍對蕭不免又發生問題。此層極可注意，謹供參考，或亦可為兄等運用之資也。

弟永泰叩。真西京秘。

002-080103-00023-001-007a~009a

■ 1935 年 12 月 11 日

何應欽電蔣中正關於王克敏等加入政委會事尚須與宋哲元商量請現就擬定之十七人發表及請暫勿在報紙公布組織大綱

24 年 12 月 11 日

自北平發（有線）

號次：A4926

南京軍委會楊秘書長暢卿兄：

真京電奉悉。哂密。委座意欲以叔魯、競武諸人加入政委會，競武原本列入，土某反對刪除。且此事須與明軒等商量，但明軒尚在郊外未歸，一時實難決定，請仍陳明委座先就擬定之十七人發表。至組織大綱，並請暫勿在報紙公布。千急。

弟應欽。真午行秘印。

002-090200-00016-053

■ 1935 年 12 月 11 日

何應欽電蔣中正冀察政務委員會組織大綱密令此間當局暫勿發表

號次：7088

姓名或機關名：何應欽

來處：北平

真巳行秘三電

12 月 11 日到

12 月 11 日送出

摘要：

冀察政委會組織大綱經中政會通過後，請以密令令知此
間當局遵照，暫不在報紙上發表，此為明軒、仙閣等之
所請。至於何時發表，俟職返京面陳決定。

即到。北平居仁堂何部長敬之勛鑒：

真已電悉。哂。政委會條例已於刻前發表，不便收回。
且政委會未成立以前，兄萬不可離平南下，此為最要之
一點，萬勿使功虧一簣也。

中正手啟。尤午機京。

002-020200-00025-123

■ 1935 年 12 月 12 日

**唐有壬與須磨總領事關於大學生反對自治運動
事晤談紀錄**

在座：

時間：民國廿四年十二月十二日下午

地點：本部

事由：關於大學生反對自治運動事

須磨：北平大學生反對自治運動事有擴大之虞，本日
　　　南京朝報竟載有類似鼓勵此種運動之評論，希
　　　望主管機關注意及此。

唐次長：學生此種運動本屬平常，日方既強認贊成自治

> 　　者為中國人與日方無干，則今日反對之者亦
> 　　係中國人，日本自無庸過慮。
> 須磨：但此事如有擴大，難免發生誤會，我方對此類
> 　　輿論甚加重視，希望將此意轉達主管機關。
> 唐次長：貴意已明瞭，此事俟河北所謂自治運動停
> 　　止，想即可消滅。

《中日外交史料叢編》第五編《日本製造偽組織與國聯的制裁侵略》，

頁 483-484。

■ 1935 年 12 月

國民政府發布冀察政務委員會暫行組織大綱

《冀察政務委員會暫行組織大綱》

第一條　國民政府為處理河北省、察哈爾省、北平
　　　　市、天津市政務便利起見，特設「冀察政務
　　　　委員會」，綜理各該省、市一切政務。

第二條　本會設委員十七人至二十一人，就中指定一
　　　　人為委員長；並指定三人至五人為常務委員，
　　　　其人選由國民政府特派之。

第三條　委員長總攬本會會務。

第四條　常務委員襄助委員長處理本會會務。

第五條　本會會議規則另定之。

第六條　本會暫設左列三處：一、秘書處；二、政務
　　　　處；三、財務處。

第七條　本會設秘書長一人，掌理秘書處事務；設政

務處長一人，掌理政務處事務；設財務處長一人，掌理財務處事務。必要時，各處得酌設副處長一人，其組織及辦事細則另定之。

第八條　本會於必要時，經行政院核准，得設置各項特種委員會，其人選由本會聘任之。本會得酌設顧問、參議、諮議、專員若干人。

第九條　本會在不牴觸中央法令範圍內，得擬定單行法規，呈請國民政府行政院核准備案。

第十條　本會會址設於北平。

第十一條　本暫行組織大綱於必要時，得呈請國民政府修改之。

第十二條　本暫行組織大綱自公布之日施行。

002-020200-00025-124

■ 1936 年 1 月 17 日

駐平外交特派員程錫庚密呈外交部有關冀察政務委員會成立後情形

部、次長鈞鑑：

敬密呈者，冀察政務委員會成立後將及一月，日本軍人雖曾表示不滿，謂與日方原所期望者不盡相同，致謂其不能持久。而我方在津政客亦有乘機活動，欲取而代之者。但自關東軍參謀副長板垣少將及奉天特務機關長土肥原少將最近到平、津與宋委員長晤談後，日方對委員會已表示滿意。土肥原並謂該委員會事實上為獨立，日方可逐漸設法使與誠意合作等語。現冀、察中央與地方官吏業由該委員會遴選派充，中央稅收除關稅外，亦經解交或奉令解交該會支配。

「冀東防共自治政府」原擬由冀察政務委員會取消或歸併，但該「政府」之性質與該委員會不同，且以設在戰區，牽涉外人，不得不商取日方之同意。惟日方現無取消該「政府」之主張，屢次會商，迄無成議。近戰區匪患較為減輕，全區稅收除縣收入外，每年約六百萬元，收支相抵尚餘二百萬元。最近經北寧路商定每月撥款十萬元，鹽稅項下每月擬撥二十五萬元，其稅收益覺穩固。殷汝耕除原有保安隊外，現正訓練並充實原有之民團，並擬以餘款辦理公路、水利等事業。近以日、鮮人在該區內走私猶盛，有改訂進口稅率以抵制私貨之提議。

察北六縣之李守信偽軍及蒙古保安隊現未撤退，亦無西進之訊。

土肥原到津後，朝陽門及大沽事件可望次第解決。但其職務並非整理懸案，而為謀冀察政務之發展，並促進華北中、日之合作。據稱在平、津一帶擬勾留兩月，兩月後或回奉天原職，或調回日本充師團長，現尚未定。屆時駐屯軍司令官多田少將有無移動，亦尚未定等語。

板垣少將與「滿」外部大橋次長前來平、津，係屬視察性質，不能謂為重要。惟日本參謀本部杉山次官本月底前來平、津，使命較為重要。據報，日本對俄備戰工作現正積極進行，杉山來華係以參謀本部代表及軍部長官資格，視察並研究在華北一帶對俄攻守之預備工作等語。此訊如果確實，則駐屯軍之增加人數、駐紮地點之重行分配與交通路線之布置管理，似俱在其視察研究範圍以內。

以上各節是否有當，敬祈鑒核示遵。肅此。敬請鈞安。

　　　　　　　　駐平特派員程錫庚。一月十七日。

《中日外交史料叢編》第五編《日本製造偽組織與國聯的制裁侵略》，

頁 357-359。

民國史料 06

近代中日關係史料彙編：
一九三〇年代的華北特殊化
（二）

Historical Documents on Modern Sino-Japanese
Relations: The Decentralization of North
China During the 1930s Section II

主　　編　黃自進、陳佑慎、蘇聖雄
總 編 輯　陳新林、呂芳上
執行編輯　林育薇
文字編輯　林弘毅、宋彥陞、陳佑羽
封面設計　溫心忻
排　　版　溫心忻、盤惠秦

出 版 者　🛡開源書局出版有限公司

　　　　　香港金鐘夏慤道 18 號海富中心
　　　　　1 座 26 樓 06 室
　　　　　TEL：+852-35860995

　　　　　🌼民國歷史文化學社
　　　　　10646 台北市大安區羅斯福路三段
　　　　　37 號 7 樓之 1
　　　　　TEL：+886-2-2369-6912
　　　　　FAX：+886-2-2369-6990

銷 售 處　深流成文化 股份有限公司
　　　　　10646 台北市大安區羅斯福路三段
　　　　　37 號 7 樓之 1
　　　　　TEL：+886-2-2369-6912
　　　　　FAX：+886-2-2369-6990

初版一刷　2019 年 9 月 30 日
定　　價　新台幣 380 元
　　　　　港　幣 105 元
　　　　　美　元　14 元
Ｉ Ｓ Ｂ Ｎ　978-988-8637-23-2
印　　刷　長達印刷有限公司
　　　　　台北市西園路二段 50 巷 4 弄 21 號
　　　　　TEL：+886-2-2304-0488